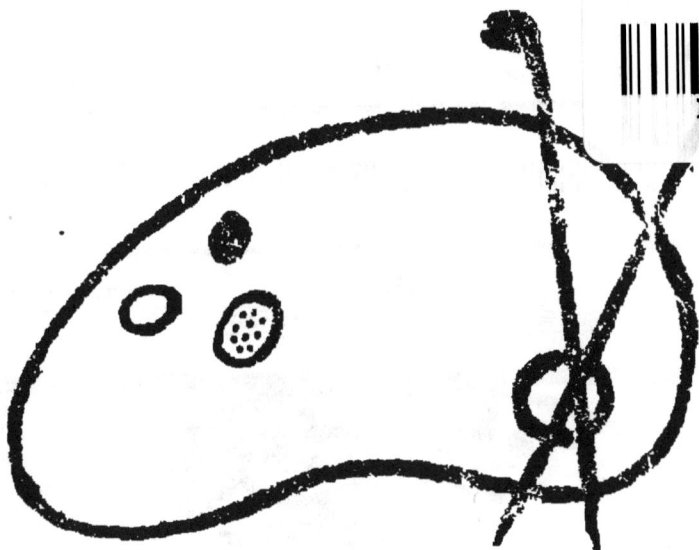

Original en couleur

Nᴿ 7 43-120-8

BIBLIOTHÈQUE DES ÉCOLES ET DES FAMILLES

ARMAGNAC

QUINZE JOURS DE CAMPAGNE

AOUT-SEPTEMBRE 1870

PARIS

LIBRAIRIE HACHETTE ET C

79, BOULEVARD SAINT-GERMAIN, 79

QUINZE JOURS

DE CAMPAGNE

(AOUT-SEPTEMBRE 1870)

PARIS. — IMPRIMERIE ÉMILE MARTINET, RUE MIGNON 2.

BIBLIOTHÈQUE

DES ÉCOLES ET DES FAMILLES

QUINZE JOURS

DE CAMPAGNE

(AOUT — SEPTEMBRE 1870)

ÉTAPES D'UN FRANC-TIREUR PARISIEN DE PARIS A SEDAN

PAR

L. ARMAGNAC

DEUXIÈME ÉDITION

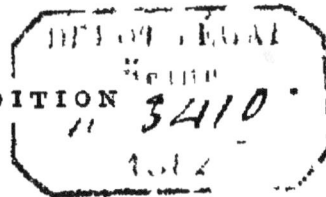

PARIS

LIBRAIRIE HACHETTE ET Cie

79, BOULEVARD SAINT-GERMAIN, 79

1882

INTRODUCTION

———

En 1870, amené, comme presque tout ce qu'il y avait d'hommes valides en France, à endosser l'uniforme et à mener la rude vie des camps pendant quelques semaines, je prenais, chaque jour, quelques notes rapides sur les événements qui se déroulaient sous mes yeux.

Plus tard j'ai recueilli et écrit pour mes enfants et mes amis les impressions de ces terribles moments.

Ce sont ces souvenirs que je livre aujourd'hui au public.

Mon histoire est celle de bien des gens. Je n'ai fait ni plus ni moins que la plupart de mes concitoyens et chacun pourrait écrire de mémoire quelques pages comme celles qui suivent.

J'ai voulu simplement inspirer à la jeune généra-
tion un amour ardent et passionné pour la France, la
grande vaincue de 1870.

Si, après avoir fait campagne avec moi, un seul de
mes jeunes lecteurs se sentait disposé pour elle à tous
les dévouements, à tous les sacrifices, je m'estimerais
heureux, j'aurais obtenu ma récompense.

L. A.

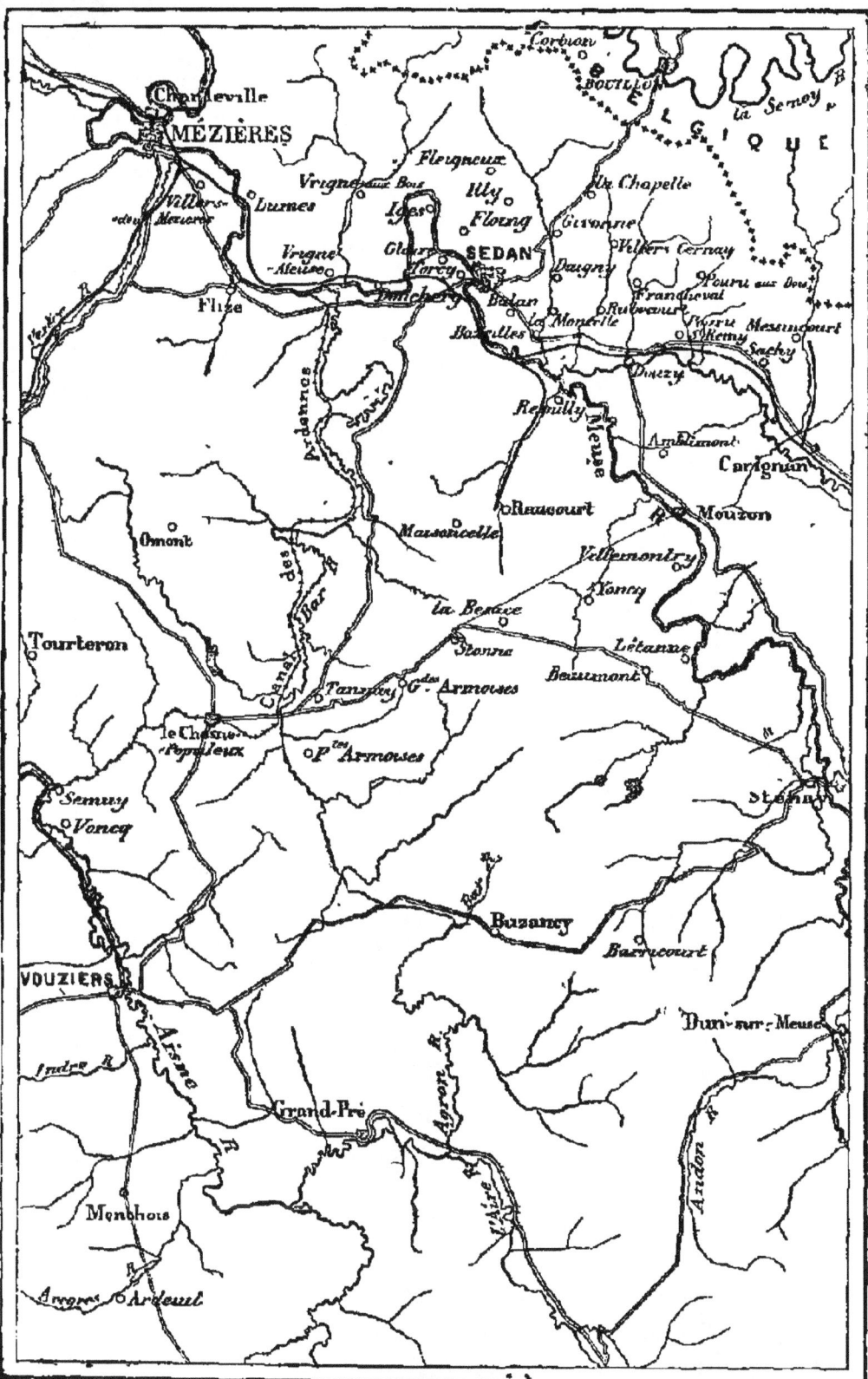

Echelle

0   5   10   20 Kilom.

QUINZE JOURS

DE CAMPAGNE

(AOUT–SEPTEMBRE 1870)

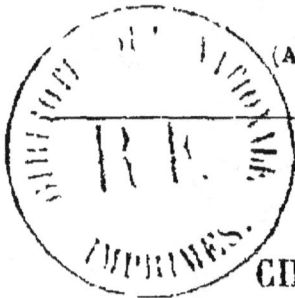

CHAPITRE PREMIER

Origine et préliminaires de la guerre. — Opinio de M. Thiers sur la situation de l'Europe. — Séance du Corps législatif du 30 juin 1870. — Candidature du prince Léopold de Hohenzollern au trône d'Espagne. — Déclaration de M. le duc de Gramont, ministre des affaires étrangères, du 6 juillet. — Attitude de M. de Bismarck. — Communication du gouvernement du 15 juillet. — Déclaration de guerre. — Comparaison des forces respectives des puissances belligérantes. — Mobilisation et concentration des armées françaises et allemandes. — Proclamations de l'empereur Napoléon III et du roi de Prusse.

Le mercredi 20 juillet 1870, dans l'après-midi, j'étais sur le quai d'Orsay, au milieu d'une foule nombreuse, quand j'aperçus un de mes amis qui sortait de la séance du Corps législatif. Le duc de Gramont, notre ministre des affaires étrangères, venait d'annoncer aux députés que, depuis la veille, 19 juillet, l'état de guerre existait entre la France et la Prusse.

Je le rejoignis et il avait à peine eu le temps de me communiquer la grande nouvelle, lorsqu'un passant,

à l'air distingué, portant à sa boutonnière la rosette
d'officier de la Légion d'honneur et dont la tournure
laissait facilement deviner un officier supérieur, s'approcha de nous et nous demanda si nous savions quelque chose. « La guerre est déclarée, » lui répondit
mon ami. « Déclarée! reprit l'officier que je vis
pâlir; la guerre déclarée! Quelle folie! quelle folie! »
et il nous quitta brusquement en répétant machinale-
ment : « Ils ont déclaré la guerre, quelle folie! »

Je ne pus m'empêcher de le regarder avec une sorte
de stupéfaction. A ce moment, je ne voyais, je l'avoue,
et certes je n'étais pas le seul, rien d'insensé dans
cette déclaration de guerre. L'événement ne me paraissait même de nature à surprendre personne.

La Prusse nous avait poussés à bout; elle nous avait
maintes fois cherché querelle, et nous ne sommes pas
de ceux qui se font longtemps prier pour prendre les
armes. D'ailleurs, depuis la bataille de Sadowa, qui
avait donné à la Prusse une situation prépondérante
en Europe, tout le monde sentait d'instinct qu'une
lutte était inévitable entre nous et cette nation jeune,
conquérante, ambitieuse, dont tous les enfants ont
voué à la France, depuis Iéna, une haine qui ne
s'éteindra jamais.

Et cependant, malgré cette inquiétude sourde qui
régnait dans tous les esprits, les sphères officielles
étaient plongées dans la sécurité la plus absolue. C'est
en vain que les avertissements venaient de tous côtés
à l'Empereur. C'est en vain que le lieutenant-colonel
Stoffel, attaché militaire à notre ambassade de Berlin,
lui envoyait les rapports les plus instructifs, les plus
précis et les plus inquiétants sur les préparatifs de la
Prusse. Ces rapports étaient transmis simplement au
maréchal Lebœuf, et le ministre de la guerre, qui se

croyait et bientôt n'hésitera pas à se dire publiquement prêt, « cinq fois prêt », faisait classer ces documents dans un carton en se bornant à mettre en marge le mot « exagération ». Le ministère se croyait sûr de la paix pour 1870. On parlait même de désarmement.

Dans la séance du Corps législatif du 30 juin, l'opposition demanda que l'on réduisît à 80 000 hommes le contingent que le gouvernement proposait de fixer à 90 000. Un seul homme politique réclama le chiffre de 100 000 : c'était M. Thiers, qui, quelques jours plus tard, allait, au risque de perdre sa popularité, s'opposer de toutes ses forces à la guerre, parce que seul il se rendait un compte exact de notre situation et de notre faiblesse.

Il monta à la tribune « pour remplir un devoir de bon citoyen » et prononça un magnifique discours qui étonne aujourd'hui par la profondeur de vues et l'admirable clairvoyance qu'il révèle. On voudrait pouvoir le citer en entier.

« Pour que la Prusse désarmât, s'écria-t-il, il ne suffirait pas qu'elle renvoyât dans leurs foyers un plus ou moins grand nombre de ses soldats, il faudrait qu'elle brisât la Confédération du Nord ; il faudrait qu'elle renonçât aux traités avec le Wurtemberg, avec la Bavière et avec d'autres États allemands ; et ce genre de désarmement, qui serait le seul sérieux, elle n'y consentira jamais. Quand on parle de désarmement, on parle d'une chimère. Le désarmement est impossible en Europe, par cette raison toute simple que tout le monde est sur le pied de paix à l'instant où je parle, mais que certaines puissances ont changé et leur territoire, et leur population, et leurs armées, et leur situation tout entière.....

» On répète toujours que la paix est assurée. L'est-elle, oui ou non? Mais si elle l'est, pourquoi ces armements extraordinaires? Je vais essayer de répondre, je ne dirai pas de manière à vous satisfaire (l'orateur s'adressait à la gauche qui demandait le désarmement), mais de manière à satisfaire ceux qui n'ont pas une opinion aussi arrêtée que la vôtre.

» Eh bien! l'état de l'Europe, le voici. Je crois la paix de l'Europe assurée à deux conditions. La première, c'est que nous serons très pacifiques; la seconde, que nous ne cesserons pas d'être forts, car je crois que nous serons d'autant plus pacifiques que nous serons plus forts. »

Puis il montra les conséquences effrayantes de Sadowa qui, au lieu d'une Confédération allemande toute pacifique, a mis en face de nous une puissance de 40 millions d'hommes, « événement immense, le plus grand qui se soit passé depuis plusieurs siècles. »

« Je suis pour la paix, » répéta-t-il à plusieurs reprises.

« Mais, dit-on, puisque vous êtes pour la paix avec autant de force, comment voulez-vous des armements aussi extraordinaires? D'abord je vous prie de ne pas oublier ce que je vais vous dire. Il y a un assaut de prudence en ce moment et, pour ainsi dire, de sagesse entre les cabinets étrangers et le cabinet français, mais cependant il ne faut pas dépendre absolument de la sagesse d'autrui. Il y a des événements qui pourraient mettre en défaut toutes ces sagesses coalisées pour la paix. Par exemple, si tel ou tel événement survenait en Orient ou ailleurs, je ne voudrais pas répondre qu'une occasion bonne se présentant, tout le monde persistât à être aussi sage, aussi philosophe qu'on paraît l'être aujourd'hui. Les vrais politiques ne veulent pas réduire leur pays à dépendre de la sagesse d'autrui. »

COMMUNICATION FAITE AU SÉNAT DE LA DÉCLARATION DE GUERRE.

L'orateur demanda une armée forte, parce que, « tout en appréciant l'énergie de la nation française, qui a fait ses preuves, il estimait pourtant qu'on fait bien de confier sa sûreté à des hommes rompus au métier de la guerre, en ayant le savoir, car la guerre est devenue un art profond; ayant des habitudes de discipline et toutes les conditions qui font que les armées fortement organisées sont toujours, même chez les nations les plus braves, un avantage considérable sur leurs rivales.

» Une grande nation doit avoir dans une armée de paix une école de guerre.

» Ne songez donc pas, ajouta-t-il en terminant, à réduire ni le contingent ni l'effectif; je vous en supplie dans l'intérêt du pays. »

M. Thiers désirait vivement la paix, mais il sentait que celle qui existait était mal assurée. Avec sa perspicacité habituelle, il comprenait bien que le malaise et l'inquiétude des peuples, l'ambition et la jalousie des gouvernants, amèneraient la guerre à bref délai. Il souhaitait de toute son âme que nous pussions la faire avec succès; mais, en présence de la situation militaire de la Prusse, l'état de notre armée lui inspirait de vives craintes.

L'illustre homme d'État voyait juste.

Plusieurs fois déjà, notamment en 1867, lorsqu'il avait été question en France de l'achat du Luxembourg, qui appartenait à la Hollande, la bonne harmonie apparente qui régnait entre la France et la Prusse avait été compromise. Elle fut définitivement rompue par la question espagnole, dont nous croyons devoir rappeler brièvement les incidents principaux.

A la suite d'une révolution, la reine Isabelle II avait été, en 1868, obligée de quitter l'Espagne. Les Cortès

décidèrent que la forme du gouvernement continue-
rait d'être la monarchie, et cherchèrent un prince qui
voulût bien monter sur le trône d'Espagne.

Après de longues et infructueuses démarches auprès
de plusieurs familles souveraines, la couronne espagnole fut enfin acceptée par le prince Léopold de
Hohenzollern, d'une branche catholique de la famille
royale de Prusse.

Le roi Guillaume, en sa qualité de chef de la famille,
donna son consentement à cette acceptation.

. Ce fut dans les premiers jours de juillet 1870 que
se répandit, dans les cercles politiques d'abord, puis
bientôt dans le public, le bruit de ces négociations.

Le 3, arriva de Madrid une dépêche ainsi conçue :

« Le maréchal Prim est de retour ; il doit présider,
ce soir, un conseil des ministres où des questions importantes seront traitées.

» L'assertion de *la Epoca* au sujet de négociations
avec un prince d'une famille régnante du nord de
l'Allemagne est inexacte. »

_ Le 4, nouvelle dépêche de Madrid, dont cette fois la
gravité n'échappa à personne.

. « Tous les ministres partiront ce soir pour la
Granja, où ils se réuniront en conseil pour discuter la
candidature du prince Léopold de Hohenzollern, qui
a accepté l'offre qui lui a été faite de la couronne
d'Espagne. »

La France n'avait pas été consultée. Elle se sentit
tout à la fois blessée par ce procédé insultant et menacée directement par ce faisceau d'alliances dont la
Prusse cherchait à l'enlacer.

En réponse à une interpellation qui lui fut adressée
au Corps législatif par M. Cochery, notre ministre des

affaires étrangères déclara, le 6 juillet, que la nouvelle dont on parlait était exacte.

« Il est vrai, dit-il, que le maréchal Prim a offert au prince Léopold de Hohenzollern la couronne d'Espagne et que ce dernier l'a acceptée ; mais le peuple espagnol ne s'est point encore prononcé, et nous ne connaissons point encore les détails vrais d'une négociation qui nous a été cachée. Aussi une discussion ne saurait-elle aboutir maintenant à aucun résultat pratique. Nous vous prions, messieurs, de l'ajourner.

» Nous n'avons pas cessé de témoigner nos sympathies à la nation espagnole et d'éviter tout ce qui aurait pu avoir l'air d'une immixtion quelconque dans les affaires intérieures d'une noble et grande nation en plein exercice de sa souveraineté ; nous ne sommes pas sortis, à l'égard des divers prétendants au trône, de la plus stricte neutralité, et nous n'avons jamais témoigné pour aucun d'eux ni préférence ni éloignement. » Et il ajouta, aux applaudissements à peu près unanimes de l'assemblée :

« Nous persisterons dans cette conduite, mais nous ne croyons pas que le respect des droits d'un peuple voisin nous oblige à souffrir qu'une puissance étrangère, en plaçant un de ses princes sur le trône de Charles-Quint, puisse déranger à notre détriment l'équilibre actuel des forces en Europe et mettre en péril les intérêts et l'honneur de la France.

» Cette éventualité, nous en avons le ferme espoir, ne se réalisera pas.

» Pour l'empêcher, nous comptons à la fois sur la sagesse du peuple allemand et sur l'amitié du peuple espagnol.

» S'il en était autrement, forts de votre appui et de

celui de la nation, nous saurions remplir notre devoir sans faiblesse. »

Dans cette déclaration le public vit la guerre. Rien cependant n'était encore décidé. Le cabinet, dont les membres différaient d'opinion, était loin d'être fixé. Tandis que le maréchal Lebœuf considérait la guerre comme inévitable, M. Emile Ollivier désirait la paix et la croyait encore possible. Après la déclaration de M. de Gramont il télégraphia à l'Empereur :

« La déclaration a été reçue à la Chambre avec émotion et immense applaudissement. La gauche elle-même, à l'exception d'un très petit nombre, a déclaré qu'elle soutiendrait le gouvernement. Le mouvement, au premier moment, a même dépassé le but. On eût dit que c'était une déclaration de guerre. J'ai profité d'une interpellation de Crémieux pour rétablir la situation. Je n'ai pas accepté qu'on nous représentât comme préméditant la guerre. Nous ne voulons que la paix avec honneur. Dans le public, l'émotion aussi est grande, mais cette émotion est noble, patriotique. Il y a du cœur dans ce peuple. »

Dans le désir de terminer le différend par une voie pacifique, M. de Gramont fit demander au prince Léopold, par l'intermédiaire de lord Lyons, ambassadeur d'Angleterre à Paris, une renonciation volontaire. La négociation réussit. Le 12 juillet, le ministre des affaires étrangères recevait une dépêche qui lui était remise par M. Olozaga, ambassadeur d'Espagne à Paris, lui annonçant le désistement que le prince Antoine, père du prétendant, faisait au nom de son fils, et, le 13, il faisait connaître aux Chambres cette renonciation.

Pendant un instant l'incident parut vidé et la paix assurée. Par malheur, en 1869, la candidature du prince de Hohenzollern avait déjà été posée et M. de Thiele, ministre des affaires étrangères de Prusse, sur les observations de notre ambassadeur, avait pris l'engagement d'honneur de la retirer définitivement. Aussi, lorsque la question se représenta en 1870, le gouvernement, poussé par l'opinion publique, ne se tint pas pour satisfait de la renonciation obtenue du prince Antoine et demanda au cabinet de Berlin des garanties pour l'avenir.

La Russie et l'Angleterre conseillaient au roi de Prusse de céder. Le roi hésitait. Le guerre, disons-le, était, tant en France qu'en Allemagne, désirée et voulue : en Prusse par M. de Bismarck et le parti militaire, qui savaient que l'organisation de leur armée était arrivée à un haut point de perfection, et que chez nous au contraire, malgré les avertissements de Sadowa, rien n'avait été fait [1] ; en France par un parti, plus bruyant peut-être que nombreux, mais qui sut entraîner le pays à sa remorque. L'opinion pu-

1. M de Bismarck, admirablement renseigné par l'armée d'espions allemands répandue dans Paris, dans la France entière, n'avait du reste qu'à ouvrir le *Journal officiel de l'Empire français* pour savoir à quoi s'en tenir sur les forces militaires de la France.

Après le plébiscite du 8 mai ou l'on commit la faute, grave à tous les points de vue, de faire voter l'armée, les résultats du vote furent consignés au journal officiel, partiellement d'abord, les 9, 10 et 11 mai, et enfin d'une manière définitive, le 19.

Il était établi que le nombre des votants appartenant à l'armée de terre était de 300,684.

En déduisant de ce chiffre la gendarmerie, les troupes nécessaires au maintien de l'ordre en Algérie et les non-valeurs, toujours si considérables, il était facile de discerner la faiblesse réelle de notre effectif.

De plus 41,782 soldats avaient voté *non*, et l'effet de ce vote, qui révélait dans l'armée une opposition formidable, avait été tel, que l'Empereur avait cru nécessaire de calmer l'opinion par une lettre au maréchal Canrobert, publiée à l'*Officiel* du 13 mai.

« On a répandu, sur le vote de l'armée de Paris, écrivait l'Empereur,

blique y était d'ailleurs préparée. Depuis Sadowa la
guerre était prévue, elle paraissait inévitable, et dans
notre légèreté, peu au courant des questions militaires, confiants dans notre glorieux passé, nous nous
croyions en mesure de soutenir la lutte.

M. de Bismarck, qui cherchait la guerre, eut l'habileté de se la faire déclarer et de nous mettre dans notre
tort aux yeux de l'Europe. Résolu à brusquer les choses
et à forcer la main du roi afin de mettre un terme à ses
hésitations, il obligea, le 13 juillet au soir, la *Gazette
de l'Allemagne du Nord*, journal officieux, à publier
un supplément extraordinaire, dans lequel on lisait
que M. Benedetti, l'ambassadeur de France auprès de
la cour de Prusse, avait essayé d'aborder le roi à la
promenade à Ems et avait été durement congédié par
lui.

Comment qualifier de pareilles inventions? M. Benedetti n'avait pas été insulté par le roi, mais ces ca-
lomnies atteignirent le but de M. de Bismarck. Français et Prussiens s'irritèrent; à Paris les partisans de
la guerre eurent beau jeu pour persuader à la nation
indignée que l'honneur national était compromis.

Le 15 juillet, M. le duc de Gramont devant le Sénat,
M. Émile Ollivier devant le Corps législatif, rendirent
compte dans la note suivante de l'état de la question et
des efforts tentés auprès des puissances pour obtenir
leurs bons offices :

« La manière dont vous avez accueilli notre déclaration du 6 juillet nous ayant donné la certitude que

des bruits si ridicules et si exagérés, que je suis bien aise de vous
prier de dire aux généraux, officiers et soldats qui sont sous vos ordres,
que ma confiance en eux n'a jamais été ébranlée. »

A ces causes d'inquiétudes venaient s'ajouter les troubles qui avaient
lieu dans Paris. Le moment d'agir était venu pour M. de Bismarck. Il
le sentait et il sut en profiter.

vous approuviez notre politique et que nous pouvions compter sur votre appui, nous avons aussitôt commencé des négociations avec les puissances étrangères pour obtenir leurs bons offices; avec la Prusse pour qu'elle reconnût la légitimité de nos griefs.

» Dans ces négociations, nous n'avons rien demandé à l'Espagne, dont nous ne voulons ni éveiller les susceptibilités, ni froisser l'indépendance ; nous n'avons pas agi auprès du prince de Hohenzollern, que nous considérons comme couvert par le roi ; nous avons également refusé de mêler à notre discussion aucune récrimination ou de la faire sortir de l'objet même dans lequel nous l'avions renfermée dès le début.

» La plupart des puissances étrangères ont été pleines d'empressement à nous répondre, et elles ont, avec plus ou moins de chaleur, admis la justice de notre réclamation.

» Le ministre des affaires étrangères prussien nous a opposé une fin de non-recevoir, en prétendant qu'il ignorait l'affaire et que le cabinet de Berlin y était resté étranger.

» Nous avons dû alors nous adresser au roi lui-même et nous avons donné à notre ambassadeur l'ordre de se rendre à Ems, auprès de Sa Majesté. Tout en reconnaissant qu'il avait autorisé le prince de Hohenzollern à accepter la candidature qui lui avait été offerte, le roi de Prusse a soutenu qu'il était resté étranger aux négociations poursuivies entre le gouvernement espagnol et le prince de Hohenzollern ; qu'il n'y était intervenu que comme chef de famille, et nullement comme souverain, et qu'il n'avait ni réuni ni consulté le conseil des ministres.

» Sa Majesté a reconnu cependant qu'elle avait informé le comte de Bismarck de ces divers incidents.

» Nous ne pouvions considérer ces réponses comme satisfaisantes; nous n'avons pas pu admettre cette distinction subtile entre le souverain et le chef de famille, et nous avons insisté pour que le roi conseillât et imposât au besoin, au prince Léopold, une renonciation à sa candidature. Pendant nos discussions avec la Prusse, le désistement du prince Léopold nous vint du côté d'où nous ne l'attendions pas, et nous fut remis, le 12 juillet, par l'ambassadeur d'Espagne.

» Le roi ayant voulu y rester étranger, nous lui demandâmes de s'y associer et de déclarer que si, par un de ces revirements toujours possibles dans un pays sortant d'une révolution, la couronne était de nouveau offerte au prince Léopold, il ne l'autoriserait plus à l'accepter, afin que le débat pût être considéré comme définitivement clos.

» Notre demande était modérée, les termes dans lesquels nous l'exprimions ne l'étaient pas moins. « Dites bien au roi, écrivions-nous au comte Benedetti, le 12 juillet à minuit, que nous n'avons aucune arrière-pensée, que nous ne cherchons pas un prétexte de guerre, et que nous ne demandons qu'à résoudre honorablement une difficulté que nous n'avons pas créée nous-mêmes.

» Le roi consentait à approuver la renonciation du prince Léopold, mais il refusa de déclarer qu'il n'autoriserait plus à l'avenir le renouvellement de cette candidature. « J'ai demandé au roi, nous écrivait M. Benedetti, le 13 juillet à minuit, de vouloir bien me permettre de vous annoncer, en son nom, que si le prince de Hohenzollern revenait à son projet, Sa Majesté interposerait son autorité et y mettrait obstacle.

» Le roi a absolument refusé de m'autoriser à vous transmettre une semblable déclaration. J'ai vivement

insisté, mais sans réussir à modifier les dispositions
de Sa Majesté. Le roi a terminé notre entretien en me
disant qu'il ne pouvait ni ne voulait prendre un pareil
engagement, et qu'il devait, pour cette éventualité
comme pour toute autre, se réserver la faculté de con-
sulter les circonstances. »

« Quoique ce refus nous parût injustifiable, notre
désir de conserver à l'Europe les bienfaits de la paix
était tel, que nous ne rompîmes pas nos négociations,
et que, malgré notre impatience légitime, craignant
qu'une discussion ne les entravât, nous vous avons demandé d'ajourner nos explications.

» Aussi notre surprise a-t-elle été profonde, lorsque
hier nous avons appris que le roi de Prusse avait no-
tifié par un aide de camp à notre ambassadeur qu'il ne
le recevrait plus, et que, pour donner à ce refus un
caractère non équivoque, son gouvernement l'avait
communiqué officiellement aux cabinets d'Europe.
Nous apprenions en même temps que M. le baron de
Werther avait reçu l'ordre de prendre un congé, et
que des armements s'opéraient en Prusse.

» Dans ces circonstances, tenter davantage pour la
conciliation eût été un oubli de dignité et une impru-
dence. Nous n'avons rien négligé pour éviter une
guerre ; nous allons nous préparer à soutenir celle
qu'on nous offre en laissant à chacun la part de responsabilité qui lui revient.

» Dès hier nous avons rappelé nos réserves, et, avec
votre concours, nous allons prendre immédiatement
les mesures nécessaires pour sauvegarder les intérêts,
la sécurité et l'honneur de la France. »

Aussitôt après la communication du gouvernement,
quatre projets de loi furent déposés au Sénat et au
Corps législatif. Ils étaient relatifs à une demande de

crédits de 50 millions pour la guerre et de 16 millions pour la marine, à la mobilisation de la garde mobile et à l'ouverture de registres d'engagements volontaires pour la durée de la guerre.

Au Corps législatif un groupe d'hommes de la gauche essaya vainement de résister à l'entraînement général. Durant deux heures M. Thiers lutta contre presque toute la Chambre « avec le sentiment qu'il représentait non les emportements du pays, mais ses intérêts réfléchis. » Quand on relit aujourd'hui, de sang-froid, les débats de cette orageuse séance, c'est avec un mélange d'étonnement et d'admiration qu'on voit ce qu'il fallut à ce vieillard d'énergie, de courage et de ténacité pour se faire entendre.

Au milieu d'interruptions violentes, traité d'ami de la Prusse, il exposa que, sur le fond, c'est-à-dire sur la candidature du prince de Hohenzollern, la réclamation de la France avait été écoutée et qu'on rompait sur une simple question de susceptibilité. « Comment ! s'écria-t-il, devant le monde entier le roi de Prusse retire ou laisse retirer la candidature du prince de Hohenzollern, et ce n'est pas une concession ! Osez-vous le soutenir ? »

Tel était déjà l'état des esprits que sa voix ne fut pas écoutée.

Dans cette séance et dans celle de nuit qui la suivit MM. Jules Favre, Gambetta, Glais-Bizoin, Arago et quelques autres prirent la parole pour le maintien de la paix. M. Buffet demanda communication de la dépêche dont le ministre avait parlé dans la note; 83 voix seulement appuyèrent sa réclamation. M. Gambetta demanda que le ministre répondît à ces deux questions : « 1° La note de M. de Bismarck a-t-elle été communiquée à tous les cabinets européens, ou

seulement aux gouvernements de l'Allemagne du Sud ?
2° Est-elle conçue en des termes qui rendent la guerre
nécessaire ? » Le ministère, pour toute réponse,
s'étonna de voir les questions de patriotisme incom-
prises de la gauche.

Le 19 juillet, l'ambassadeur de France à Berlin re-
mettait au roi de Prusse la déclaration de guerre, et,
le 20, M. le duc de Gramont donnait lecture au Sénat
et au Corps législatif de la communication suivante :

« Messieurs, l'exposé qui vous a été présenté dans la
séance du 15 a fait connaître les justes causes de
guerre que nous avons contre la Prusse.

» Conformément aux usages et par ordre de l'Empereur, j'ai invité le chargé d'affaires de France à notifier
au cabinet de Berlin notre résolution d'obtenir par les
armes les garanties que nous n'avons pu obtenir par
la discussion.

» Cette démarche a été accomplie, et j'ai l'honneur
de faire savoir au Corps législatif qu'en conséquence
l'état de guerre existe, à partir du 19 juillet, entre la
France et la Prusse.

» Cette déclaration s'applique également aux alliés
de la Prusse qui lui prêtent, contre nous, le concours
de leurs armes. »

M. de Bismarck en était arrivé à ses fins. Il avait la
guerre, et c'était nous qui la lui avions déclarée.

Le chancelier prussien savait ce qu'il faisait en
précipitant les événements. Il voulait surprendre la
France, qui, mise en éveil par ces attaques répétées,
se fût peut-être, à force d'activité, préparée à la lutte
qu'elle était alors bien loin de pouvoir soutenir.

Quelles étaient, en effet, les forces respectives des
deux nations ?

La confédération du Nord pouvait mettre sur pied

une armée active de 433 000 hommes et elle laissait derrière elle, en troupes de garnison ou en troupes de remplacement, 296 500 hommes. Son effectif total était de 982 000 hommes, en y comprenant les réserves.

La Bavière, le Wurtemberg et le duché de Bade, dont les armées étaient établies sur le pied prussien, comptaient 85 500 hommes d'armée active et 69 000 hommes en troupes de garnison ou de dépôt.

Le 6 août, l'armée allemande eut 450 000 hommes en ligne ; à partir du 16, environ 600 000, chiffre qui se maintint jusqu'à la fin de la guerre. Elle avait 2 000 canons de campagne, des munitions et des approvisionnements en abondance.

Sur le papier, mais sur le papier seulement, les forces de la France étaient de 1 142 000 hommes, dont 642 000 formaient l'armée active et 500 000 la garde mobile.

En réalité, la France ne pouvait amener sur les champs de bataille que 337 000 hommes, et encore 270 000 seulement pouvaient être réunis immédiatement.

Cette armée, si inférieure en nombre à celle de l'ennemi, au lieu d'être massée sur un ou deux points, fut éparpillée sur une longue ligne entre Metz et Strasbourg, sur un front de plus de cent lieues.

Le plan de campagne, si tant est qu'il y en eût un d'arrêté, était de tenir l'ennemi dans l'incertitude du point d'attaque par l'éparpillement même de l'armée, puis de se concentrer rapidement auprès de Strasbourg et de se jeter au delà du Rhin, de manière à séparer l'Allemagne du Sud de l'Allemagne du Nord. On n'avait donc pensé qu'à l'offensive, mais l'offensive ne fut possible à l'armée française que pendant quelques jours dont on ne sut pas profiter.

Le 14 juillet au soir, le ministère français ordonnait l'appel des réserves. De son côté, le roi de Prusse donnait, le 15, dans la nuit, l'ordre de mobilisation.

Grâce à la prodigieuse activité déployée par les bureaux de la guerre, l'armée française fut prête la première. Le 20 juillet, il y avait 120 000 hommes à la frontière; le 23, 180 000. On pouvait alors marcher en avant ; il n'y avait dans les provinces rhénanes que 60 000 hommes. On aurait pu pousser jusqu'au Rhin, faire sauter les ponts, détruire les chemins de fer et désorganiser les services de concentration de l'armée allemande.

On n'y pensa même pas. L'armée française était dans un état de désordre épouvantable[1]. Les vivres, les munitions, les ambulances, tout faisait défaut. nos officiers avaient des cartes d'Allemagne, celles de France leur manquaient.

Pendant que l'on cherchait à débrouiller ce chaos, l'occasion perdue s'éloignait pour toujours. La mobilisation allemande s'opérait avec un peu plus de len-

---

1. Il serait facile de montrer, par des citations multipliées empruntées aux rapports et aux dépêches du temps, l'état de désarroi de l'armée. Je me bornerai à donner le texte d'une seule dépêche qui, je dois le dire, m'a toujours paru extraordinaire entre toutes. Dans une pièce bouffe elle aurait un prodigieux succès de fou rire. Quand on pense qu'elle a été envoyée en France au début d une guerre dont la gravité exceptionnelle n'échappait à personne, on sent la rougeur vous monter au front et la colère vous envahir.

Voici cette dépêche ·

Général Michel à Guerre. Paris.

Belfort, le 21 juillet 1870, 8 h. 55 du matin.

« Suis arrivé à Belfort ; pas trouvé ma brigade, pas trouvé général de division. Que dois-je faire? Sais pas où sont mes régiments. »

Sais pas où sont mes régiments ! Voilà un général qu'on envoie à

teur, mais avec une sûreté, une précision, une méthode, vraiment dignes d'admiration.

Du 31 juillet au 6 août, les Prussiens firent passer le Rhin à 400 000 hommes et les acheminèrent, dans un ordre merveilleux, sur les lieux de concentration, avec leur artillerie et leurs approvisionnements.

La France avait alors environ 272 000 hommes sur pied, et les opérations allaient commencer.

L'Empereur adressa au peuple français la proclamation suivante :

« Français,

» Il y a dans la vie des peuples des moments solennels où l'honneur national, violemment excité, s'impose comme une force irrésistible, domine tous les intérêts et prend seul en main la direction des destinées de la patrie. Une de ces heures décisives vient de sonner pour la France.

» La Prusse, à qui nous avons témoigné pendant et depuis la guerre de 1866 les dispositions les plus conciliantes, n'a tenu aucun compte de notre bon

---

l'ennemi et auquel il ne manque qu'une chose, les troupes qu'il doit commander. En vérité, on croit rêver en lisant de telles choses, et la pensée se reporte involontairement au temps où l'on chantait sur Soubise, après la funeste bataille de Rosbach, le couplet si connu :

> Soubise dit, la lanterne à la main,
> J'ai beau chercher, où diable est mon armée?
> Elle était là pourtant hier matin.
> Me l'a-t-on prise, ou l'aurais-je égarée ?
> Ah ! je perds tout, je suis un étourdi ;
> Mais attendons au grand jour, à midi.
> Que vois-je, ô ciel ! que mon âme est ravie !
> Prodige heureux ! La voilà ! la voilà !
> Ah ! ventrebleu : qu'est-ce donc que cela ?
> Je me trompais, c'est l'armée ennemie.

vouloir et de notre longanimité. Lancée dans une voie d'envahissement, elle a éveillé toutes les défiances, nécessité partout des armements exagérés, et fait de l'Europe un camp où règnent l'incertitude et la crainte du lendemain.

» Un dernier incident est venu révéler l'instabilité des rapports internationaux et montrer toute la gravité de la situation. En présence des nouvelles prétentions de la Prusse, nos réclamations se sont fait entendre. Elles ont été éludées et suivies de procédés dédaigneux. Notre pays en a ressenti une profonde irritation, et aussitôt un cri de guerre a retenti d'un bout de la France à l'autre. Il ne nous reste plus qu'à confier nos destinées au sort des armes.

» Nous ne faisons pas la guerre à l'Allemagne, dont nous respectons l'indépendance. Nous faisons des vœux pour que les peuples qui composent la grande nationalité germanique disposent librement de leurs destinées.

» Quant à nous, nous réclamons l'établissement d'un état de choses qui garantisse notre sécurité et assure l'avenir. Nous voulons conquérir une paix durable, basée sur les vrais intérêts des peuples, et faire cesser cet état précaire où toutes les nations emploient leurs ressources à s'armer les unes contre les autres.

» Le glorieux drapeau que nous déployons encore une fois devant ceux qui nous provoquent est le même qui porta à travers l'Europe les idées civilisatrices de notre grande Révolution. Il représente les mêmes principes, il inspirera les mêmes dévouements.

» Français, je vais me mettre à la tête de cette vaillante armée qu'anime l'amour du devoir et de la patrie. Elle sait ce qu'elle vaut, car elle a vu dans les quatre parties du monde la victoire s'attacher à ses pas.

» J'emmène mon fils avec moi, malgré son jeune âge. Il sait quels sont les devoirs que son nom lui impose, et il est fier de prendre sa part dans les dangers de ceux qui combattent pour la patrie.

» Dieu bénisse, nos efforts ! Un grand peuple qui défend une cause juste est invincible. »

A cette proclamation, le roi Guillaume répondit, quelques jours plus tard, par la suivante, datée de Mayence :

« Soldats, toute l'Allemagne, animée par le même sentiment, se trouve sous les armes contre un État voisin qui nous a déclaré la guerre sans motif et par surprise. Il s'agit de défendre notre patrie et nos foyers menacés.

» Je prends le commandement des armées réunies et je vais marcher contre un adversaire qu'un jour nos pères ont combattu glorieusement dans la même situation.

» L'attention pleine de confiance de toute la patrie, la mienne est fixée sur vous. »

Le sort en était jeté. Désormais la parole était au canon. L'épée était tirée à la française, comme dit Prévost-Paradol c'est-à-dire en jetant au loin le fourreau.

CHAPITRE II

Dès la fin de juillet l'inaction de l'armée commençait à inquiéter et à irriter les esprits en France. On
sentait instinctivement tout ce qu'il y avait de fâcheux
et de grave dans cette perte de temps. Pour donner une
satisfaction à l'opinion publique, l'Empereur jugea
nécessaire de faire une démonstration. Le 2 août, il
donna l'ordre d'attaquer Sarrebrück, où le général
Frossard ne rencontra que trois bataillons et trois es-
cadrons de uhlans qui refusèrent le combat et se re-
plièrent avec la précision et le sang-froid de troupes
rompues à toutes les circonstances de la guerre.

Cette affaire, qui ne fut qu'une sorte de parade de
la part des Français, bien supérieurs en nombre, fut
portée à la connaissance du public par une dépêche
malheureuse qui la donnait comme une victoire et
annonçait qu'on avait enfin envahi le territoire prussien. Nous avions perdu 73 hommes, l'ennemi 75.

Une autre dépêche rendit compte des prodigieux
effets de la mitrailleuse, ce terrible engin de guerre,
qui, disaient les journaux à effet, fauchait les hommes
comme le moissonneur couche à terre les épis mûrs.

La population parisienne, si facile à impressionner, voyait déjà l'armée française à Berlin et la route qu'elle avait suivie jonchée de cadavres allemands.

La désillusion ne tarda pas.

A partir de ce moment, en effet, les Prussiens allaient prendre l'initiative et la garder pendant toute la durée de la campagne.

Le 3 août, le général Abel Douay, placé en avant-garde avec sa division, forte de 5500 hommes, sur la Lauter, près de Wissembourg, fut averti de l'approche de troupes ennemies qui paraissaient fort nombreuses. Il informa le quartier-général de sa situation. On lui répondit en lui envoyant l'ordre de tenir. Il établit alors une partie de ses forces dans Wissembourg, déclassée comme place forte, mais dont l'enceinte subsistait encore, et il occupa avec 4000 hommes la forte position du Geisberg.

L'armée qu'on avait signalée au général Douay était celle que commandait le prince royal de Prusse. Elle était à ce moment forte de 80 000 hommes.

Le 4, dès le point du jour, une compagnie fut envoyée en reconnaissance, au nord de Wissembourg, sur la route de Landau ; elle revint sans avoir rien vu, sans avoir rien observé de suspect.

Ce premier engagement, comme presque toutes les batailles de cette malheureuse guerre, commença par une surprise. Nos généraux paraissaient avoir oublié la maxime de Condé, celle de tous les grands hommes de guerre « qu'un habile capitaine peut bien être vaincu, mais qu'il ne lui est pas permis d'être surpris [1]. » A 8 heures les soldats préparaient le café, quand le canon bavarois retentit sur la route de

1. Bossuet. Oraison funèbre de Condé.

Schweigen. De ce côté pas une grand'garde, pas un poste avancé, pas une vedette pour signaler la présence de l'ennemi. Après quelques instants de trouble, les Français se formèrent rapidement et soutinrent avec héroïsme une lutte disproportionnée.

Le général Douay fut tué à 10 heures et demie. Wissembourg se rendit à 1 heure. Le Geisberg fut alors attaqué de front et de flanc. Le château, criblé de projectiles, capitula vers 2 heures. Ce qui restait de Français se mit en retraite sur Haguenau. Ils avaient perdu 1 canon, 1200 hommes tués ou blessés et 500 prisonniers. Les débris de la division Douay, alors commandée par le général Pellé, rejoignirent à Wœrth la division Ducrot [1].

C'était un revers dont l'effet moral fut immense, mais la lutte avait été héroïque et l'honneur était sauf. Le prince royal eut même un instant de découragement. Plusieurs de ses régiments s'étaient débandés sous les attaques furieuses des Français, des turcos notamment. « Comment, disait-il, nous nous sommes mis 80000 Allemands pour battre 9000 Français et il a fallu lutter tout un jour ! Qui sait ce que nous réservent les prochaines batailles? »

Il devait malheureusement être bientôt rassuré.

L'armée que commandait le maréchal de Mac-Mahon, le 5ᵉ corps, comptait 45 000 hommes. Le prince

---

1. En 1872, une colonne fut érigée dans le nouveau cimetière de la ville à la mémoire des soldats français morts dans le combat.

La tombe du général Douay fut ouverte et ses restes furent transportés dans un tombeau voisin de cette colonne. Aux côtés du général on plaça aussi le corps de son fils Gustave, mort le 18 février 1871.

Une simple pierre recouvre ce tombeau; elle porte l'inscription suivante ·

« Charles-Abel Douay, général de division, tué au Geisberg, le 4 août 1870. Son fils Gustave Douay, né le 1ᵉʳ janvier 1860, mort le 18 février 1871. »

royal, dont l'armée était alors au complet, avait 120 000 hommes sous la main et 60 000 autres à sa portée.

Dans de pareilles conditions le maréchal aurait dû, s'il était prévenu, reculer et se retirer dans les défilés des Vosges pour en défendre le passage. Étant donnée la configuration des lieux, cette tâche était facile, surtout avec des troupes d'élite, comme celles dont il disposait. Faute, sans doute, de renseignements suffisants, il se décida au combat.

La position de son armée était d'ailleurs, il faut le reconnaître, bien choisie pour la défensive. Elle s'étendait de Morsbronn à Langensulzbach, sur une série de hauteurs abruptes, coupées de haies, de bois, de ravins, que le maréchal fit encore fortifier par quelques travaux de terrassement.

Comprenant enfin le danger de l'éparpillement des troupes devant un ennemi qui n'agissait que par grandes masses, l'Empereur donna aux généraux de Failly et Félix Douay l'ordre de rejoindre Mac-Mahon. Cet ordre ne parvint pas ou ne fut pas exécuté à temps ; une seule division du 5ᵉ corps arriva après la défaite et contribua à sauver les débris de l'armée vaincue.

Le 6, dès 6 heures du matin, des actions partielles, amenées par des reconnaissances sur Wœrth et Gunstett, et qui s'étendaient bientôt à Langensulzbach, Frœschwiller, Elsasshausen, Reichshoffen, s'engageaient sur toute la ligne. L'armée allemande mettait sans cesse en avant de nouvelles troupes, et des régiments frais succédaient aux régiments fatigués.

Cependant, jusqu'au milieu du jour, la lutte se soutint sans désavantage de notre côté. Si de Failly et Douay étaient arrivés, la journée eût pu nous appartenir. A 1 heure le prince royal arrivait sur la hauteur de Wœrth et prenait la direction de la bataille. Une attaque vigoureuse menace notre aile droite. Pour arrêter les progrès de l'ennemi, deux régiments de cuirassiers[1] et le 6e lanciers de la brigade Michel s'élancent au galop et pénètrent dans le village de Morsbronn, occupé par les Prussiens, et dont l'extrémité est fermée par une barricade. Ils sont fusillés à bout portant sans pouvoir se défendre. Cette magnifique brigade est anéantie en quelques minutes.

Cependant, grâce au courage des troupes, grâce à l'indomptable ténacité du maréchal qui lutta tant que la lutte fut possible, le combat se soutint encore, mais, vers 3 heures, un mouvement tournant menaça la ligne de retraite.

Les positions des Français s'étendaient sur un front de 6 kilomètres, ce qui donnait, avec un effectif de 45 000 hommes, une densité de 7 hommes et demi par mètre courant. Les Prussiens engagèrent 115 000 hommes sur une ligne de 8 kilomètres, ce qui faisait 14 hommes et demi par mètre. Outre la supériorité considérable des troupes qui faisaient face aux Français, les Allemands avaient donc l'immense avantage d'avoir un front beaucoup plus étendu, ce qui leur permettait de les déborder par les flancs.

Le maréchal, voyant sa situation devenir critique, donne à la division Bonnemains, composée de quatre régiments de cuirassiers, l'ordre de charger « pour le salut de l'armée ». Sans un instant d'hésitation ou de défaillance, ces braves régiments s'ébranlent et volent à la mort. Ils exécutent sur le terrain le plus défavorable cette magnifique charge devenue légendaire.

---

1. Le 8e, commandé par le colonel Guyot de la Rochère, entré au service comme simple soldat en 1838, actuellement général de brigade, et le 9e, commandé par le brave et excellent colonel Waternau, mort il y a peu de temps.

Leur dévouement, hélas ! fut inutile. Accueillis par une grêle d'obus et de balles qui trouent les cuirasses avec un bruit retentissant, ils sont en peu d'instants décimés, dispersés, et leurs débris errent au hasard sur le champ de bataille, tandis que la puissante artillerie allemande réduit enfin la nôtre au silence et couvre de ses feux les troupes qui résistent encore.

Tout était perdu. La déroute, une effroyable déroute commence. La cavalerie allemande s'élance à la poursuite des fuyards et, sans la division Guyot de Lespart qui venait d'arriver sur le champ de bataille, l'armée française tout entière eût été prise ou sabrée.

Le 1er corps se replia en grande partie sur Saverne, et fut de là dirigé sur Châlons. Quelques régiments se retirèrent sur Bitche. Un assez grand nombre de soldats débandés se réfugièrent à Strasbourg.

Tandis que l'aile droite de l'armée française subissait un si terrible échec, la gauche était, le même jour, battue à Forbach.

Le général Frossard occupait depuis quelque temps les hauteurs de Sarrebrück. Quand l'ennemi se concentra devant lui, il se trouva trop exposé ; le 5 août, il recula et prit position sur les plateaux de Forbach à Sarreguemines, en gardant Forbach, où d'*immenses* approvisionnements se trouvaient réunis à la gare. Dans l'après-midi, il fit faire plusieurs retranchements pour couvrir quelques points faibles. Le général appartenait à l'arme du génie et aimait à abriter ses troupes par des travaux de terrassement. C'est grâce à ces précautions que son corps d'armée put opposer une résistance vigoureuse à des forces trois fois supérieures.

Le général Steinmetz, averti du mouvement de recul des Français et croyant à une retraite prononcée, s'avança sur Sarrebrück et lança en avant une reconnaisance qui rencontra une vive résistance. Il la fit soutenir et, comme celle de Wœrth, la bataille de Forbach commença par un simple engagement d'avant-garde sans qu'aucun des deux adversaires s'attendît à livrer bataille ce jour-là. Mais les Allemands accoururent au canon, tandis que le 3ᵉ et le 4ᵉ corps français, qui auraient pu, en se portant sur Forbach. changer l'issue de la journée, demeuraient immobiles, à quelques lieues de là, entendant, sans y répondre, l'appel des troupes engagées.

Les hauteurs escarpées de Spicheren, les bois de Stiring furent enlevés par les Prussiens après une lutte de douze heures où ils rencontrèrent une résistance des plus opiniâtres. Les Français, écrasés sous le feu d'une artillerie supérieure, voyant sans cesse de nouvelles troupes déboucher devant eux, tournés d'ailleurs par Morsbach, se mirent en retraite et arrivèrent en bon ordre à Sarreguemines.

Le territoire français était envahi. Les Allemands s'avançaient en Lorraine d'un côté, en Alsace de l'autre. Certain désormais que la lutte aurait lieu en France, le roi de Prusse lança, le 8 août, de son quartier général de Hombourgs au peuple français, une proclamation que je livre, sans commentaire, au jugement de l'histoire.

« Nous, Guillaume, roi de Prusse, aux habitants du territoire français occupé par les armées allemandes, faisons savoir ce qui suit :

» Lorsque l'empereur Napoléon attaqua sur terre et sur mer la nation allemande qui voulait et veut encore vivre en paix avec le peuple français, j'ai pris le commandement en chef des armées allemandes pour repousser cette attaque. Les événements militaires m'ont conduit à franchir les frontières de la France. Je fais la guerre aux soldats français et non pas aux habitants, dont les personnes et les biens seront en sûreté tant qu'ils ne m'enlèveront pas, par des agressions contre les troupes allemandes, le droit de les protéger. Les généraux qui commandent chaque corps feront connaître au public les mesures qu'ils sont autorisés à prendre contre les communes et les particuliers qui se mettraient en contravention avec les lois de la guerre. Ils régleront encore tout ce qui concerne les réquisitions nécessaires aux besoins des troupes, et, pour faciliter les transactions entre les troupes et les habitants, ils fixeront la différence des cours entre les monnaies allemandes et françaises. »

Après cette proclamation, qui trahit assez naïvement la crainte de trouver un soldat dans chaque habitant et d'avoir à faire cette terrible guerre de guérillas qui a eu raison en Espagne des meilleures troupes de Napoléon Ier et que j'appelais de tous mes vœux, comment expliquer le pillage éhonté auquel se livrèrent le plus souvent les armées envahissantes ? Sauf dans quelques grandes villes, comme Versailles, où la domination allemande fut trop longtemps et trop paisiblement établie pour que le pillage fût possible, était-il bien nécessaire de « fixer la différence des cours entre les monnaies allemandes et françaises », et la transaction » ne consistait-elle pas le plus souvent pour l'Allemand à prendre ce dont il avait besoin ou ce qui lui plaisait et à détruire le reste ? Comment ne pas croire, au lendemain de Sedan, une fois l'Empereur prisonnier, que tout était fini et que nous allions recommencer à « vivre en paix avec le peuple allemand » ?

Cette hypocrite proclamation n'était qu'une inqualifiable spéculation, l'appel aux discordes et à la guerre civile en face de l'invasion étrangère.

CHAPITRE III

Le 6 août arriva à Paris, assez tard dans la soirée,
une dépêche de l'Empereur ainsi conçue : « Le maréchal de Mac-Mahon a perdu une bataille. Sur la Sarre
le général Frossard a été obligé de se retirer. Cette retraite s'opère en bon ordre. Tout peut se rétablir. »

Cette dépêche fut insérée au *Journal officiel* du
dimanche 7.

Je me souviendrai longtemps de ce dimanche-là.
Le temps était triste et maussade; en plein été il
faisait froid. De gros nuages noirs couraient rapidement dans le ciel, et de fortes ondées tombaient par
intervalles. J'étais à la campagne, à Bougival, avec
quelques amis. Tout le monde connait Bougival, au
moins de nom; c'est un gai village, resserré entre
une petite montagne et la Seine; sa rue principale
forme quai; sur les collines boisées qui l'entourent
s'élèvent de riantes villas encadrées de vergers, de
jardins, de parcs; de tous côtés la vue se repose sur
un fond de verdure. En regardant Bougival on voit à

droite, se découpant dans l'azur du ciel, la majestueuse silhouette de l'aqueduc de Marly, à gauche la sombre forteresse du Mont-Valérien, comme si l'homme avait pris plaisir à mettre sur les points les plus élevés que l'œil puisse embrasser dans ce vaste horizon le sceau de son double génie, du génie bienfaisant qui crée, féconde et conserve, du génie farouche qui ruine et détruit.

Dans l'après-midi un de nos amis nous rejoignit ; il quittait Paris et nous apportait l'*Officiel* du matin et les journaux dans lesquels avaient été publiées la nouvelle des désastres de Reichshoffen et de Forbach et la dépêche désespérée de l'Empereur prescrivant de mettre la capitale en état de défense. Quels sinistres présages dans ces quelques mots ! L'état de siège venait d'être proclamé pour Paris et trois départements ; la consternation et l'abattement s'étaien emparés de tous les esprits, surtout de ceux qui, quelques jours avant, criaient avec le plus d'ardeur : *A Berlin !* en se disant peut-être tout bas que Berlin était trop loin pour qu'on pût les y envoyer.

Le dîner fut triste. Le Mont-Valérien, que nous apercevions de la table, venait sans cesse nous rappeler les idées de guerre dont notre esprit était déjà plein, et, malgré la jactance française dont nous étions imbus, comme tout le monde à peu près, nous commencions à nous demander si, après tout, on n'avait pas bien fait de fortifier Paris et si, malgré la phrase quelque peu naïve de M. Émile Ollivier au Corps législatif, on ne pouvait pas raisonnablement supposer que le « territoire pût être envahi sur quelques points ». Le soir, en partant, nous fîmes nos adieux à notre hôtesse et nous lui dîmes en riant : « Vous verrez peut-être, dans quelque temps, les Prussiens ici. »

ENROLEMENT DES FRANCS-TIREURS.

Nous croyions plaisanter, nous ne pensions pas que
cette prophétie dût se réaliser si tôt et avec tant d'exactitude. Deux mois après, un obus parti du Mont-Valérien traversait les murs de l'hôtel, pour en déloger un
avant-poste prussien et venait éclater dans la pièce
même où nous avions dîné le 7 août [1].

1. Ne quittons pas Bougival sans rappeler le beau trait de patriotisme de François Debergue, l'un de ses habitants, qui mérite d'être
donné en exemple à tous les jeunes Français.

Au moment où les armées allemandes investissaient Paris, le
46e régiment d'infanterie prussienne vint prendre position à Bougival
et le premier soin de l'état-major fut d'établir une communication
télégraphique entre cette localité et le quartier général de Versailles.
Le lendemain le fil télégraphique était coupé. Rétabli, il fut de nouveau coupé dans la nuit suivante.

L'autorité allemande fit procéder à une enquête et les soupçons se
portèrent sur François Debergue.

Né le 8 novembre 1810 à Paris, Debergue était jardinier à Bougival
depuis de nombreuses années. C'était un homme doux et bon, aimé
et estimé dans tout le pays.

Il fut arrêté le 26 septembre et les Allemands procédèrent sans
délai à son interrogatoire. Il avoua ce qui lui était reproché, sans
jactance, mais avec fermeté, avec la froide intrépidité d'un homme
qui a la conviction d'avoir rempli son devoir et qui ne craint pas la
mort. « Je suis Français, dit-il, je dois tout entreprendre contre vous.
Si vous me rendez à la liberté, je recommencerai. »

Condamné à mort par la cour martiale, Debergue fut, au sortir de
la mairie où les officiers allemands l'avaient jugé, placé au milieu
d'un peloton de vingt-quatre soldats prussiens qui l'emmenèrent
sur les hauteurs qui dominent Bougival, lieu marqué pour l'exécution. Son attitude était si résolue, son pas si ferme, son maintien si
digne, que l'officier qui commandait le peloton en était ému d'admiration et de pitié.

Lorsqu'on s'arrêta, Debergue fut attaché à un pommier ; on lui banda
les yeux et un instant après il tombait sous les balles.

Un mois plus tard, le 23 octobre 1870, deux autres habitants de
Bougival, Jean-Baptiste Gardon, âgé de quarante-quatre ans, et Jean-
Nicolas Martin, âgé de cinquante ans, furent arrêtés par les Prussiens,
comme coupables d'avoir tiré contre les troupes allemandes le jour
de l'attaque de la Malmaison. On les conduisit à l'endroit où avait
déjà été fusillé Debergue. Martin fut attaché au tronc du même pommier et Gardon à un arbre voisin. Un instant après ils étaient morts.

Le 22 septembre 1878 on a inauguré solennellement un monument

Nous trouvâmes Paris dans une agitation extraordinaire. Des détachements de cuirassiers parcouraient
les boulevards et les rues principales. On commençait
à se faire une idée plus nette de la guerre qui venait
de s'ouvrir sous de si funestes auspices; on s'irritait
de nos défaites et on s'effrayait de l'avenir. Les coups
terribles et répétés qui frappaient la France tiraient la
population de la torpeur où elle s'était laissé ense-
velir, se croyant, sur la parole de chefs présomptueux,
prête à une lutte contre l'Allemagne, fière de ses succès
passés, confiante dans son armée et trop crédule à
d'absurdes rodomontades. Dès ce moment, chacun vit
ou dut voir que la patrie était en danger et que, pour
tout homme de cœur, le moment était venu de faire
son devoir.

A Paris, au palais de l'Élysée, une légion se formait
qui devait être composée exclusivement d'anciens militaires; c'étaient les bataillons de francs-tireurs Lafon-
Mocquard. Sitôt constituée, elle devait aller, disait le
programme d'une énergique simplicité,« où serait
l'ennemi. »

Le lendemain, j'allai me faire inscrire pour faire
partie du premier bataillon.

Je crus d'abord qu'on ne voudrait pas de moi.
« Mais vous n'êtes pas solide, me disaient les médecins militaires chargés de l'examen des volontaires.
Vous êtes habitué à une vie sédentaire et douce, vous
ne pourrez jamais supporter les fatigues du métier de
franc-tireur. Songez-y. Il faut faire de longues marches, mal dormir, mal manger, parfois ne pas manger

élevé à la mémoire de Debergue, Martin et Gardon. C'est un mono-
lithe en granit, en forme d'obélisque, de cinq mètres de hauteur,
acheté avec le produit d'une souscription faite entre les habitants de
Bougival.

du tout; croyez-nous, restez tranquille ou faites votre
devoir dans la garde nationale. »

J'étais désolé. « Mais j'ai bien fait l'année dernière
un voyage en Suisse, à pied, sept ou huit lieues par
jour, le sac des touristes au dos. Je suis plus solide
que je n'en ai l'air. Prenez-moi toujours, nous verrons
bien. »

Je dois reconnaître que les médecins jugeaient
mieux que moi de ma force de résistance. Je ne me
rendais aucun compte des fatigues, des privations que
nous aurions à subir et de l'extrême rigueur du service auquel nous allions être immédiatement astreints.

On me fit encore plusieurs objections. Je n'avais
pas servi, on ne voulait que d'anciens militaires.
J'étais employé de l'État, je n'avais pas d'autorisation
de mes chefs. Mais mon parti était pris; je m'obstinai,
j'eus réponse à tout, et pour se débarrasser de moi,
on finit par m'accepter.

J'étais engagé.

Engagé! que de sombres tristesses dans ce mot,
quand la guerre, une guerre terrible à laquelle vous
allez immédiatement prendre part, a lieu près de
vous. Comme le cœur se déchire quand il faut tout
abandonner, son avenir, son foyer, ses amis, sa famille; quand la mère se jette en pleurant dans vos
bras; quand le père vous dit d'un air résolu en vous
serrant la main : « C'est bien, mon fils, » vous quitte
brusquement, et qu'on l'entend, un instant après,
sangloter dans sa chambre; quand on les voit, ces
pauvres vieux qui n'ont que vous pour réjouir leur
vieillesse, qui ont mis en vous toutes leurs espérances,
tout leur amour, leur vie tout entière, quand on les
entend pleurer, gémir et prier. Oui, il faut que l'amour
de la patrie soit un sentiment bien ardent et bien fort

pour que tous ces hommes s'arrachent au foyer domestique et aux saintes joies de la famille, et que, sans murmurer, joyeux même, ils s'en aillent à l'abattoir, bouchers ou victimes.

.J'étais donc engagé, mais j'avoue que j'éprouvai un serrement de cœur quand je me vis seul au milieu de visages inconnus. On l'a dit et c'est vrai, c'est quelquefois au milieu de la foule que se trouve l'isolement le plus complet. Cette impression est affreuse. Voir les autres se parler et se tendre la main ; voir les amis se promettre aide et assistance et se sentir seul ; se dire que, dans quelques jours peut-être, on tombera sur un champ de bataille et qu'on ne rencontrera autour de soi que des visages indifférents, qu'il n'y aura pas auprès de vos lèvres une oreille amie à qui l'on puisse confier le dernier adieu pour ceux qu'on aime, la dernière recommandation, la dernière prière ! non, il n'est pas bon à l'homme d'être seul.

Sous l'empire de cette préoccupation, je me rendis chez un ami, M. Charles Bertinot, un bon et noble cœur à qui je fis part de ma détermination et à qui j'expliquai les motifs qui l'avaient dictée : « C'est bien, me dit-il, mais il ne faut pas faire cela seul. Viens donc me voir demain. » Le lendemain il était engagé.

Pensez à votre meilleur ami et dites-moi ce que vous auriez éprouvé à ma place. Je n'avais jamais jusqu'alors apprécié, comme je l'ai fait depuis, les douceurs de l'amitié et les nombreuses qualités de mon compagnon d'armes. Nous avons enduré les mêmes fatigues et bravé les mêmes dangers, nous avons souffert ensemble, nous avons ensemble regardé la mort en face, nous avons toujours tout mis en commun. Le jour du combat, exténués, mourant de faim, nous avons religieusement partagé quelques petits morceaux de sucre qu'il avait gardés comme dernière ressource. Ce fut notre seule nourriture de la journée; nous eussions fendu en deux un grain de blé. Heureux ceux qui ont quelque part un ami comme celui-là! ils ne

COSTUME DES FRANCS-TIREURS.

sont jamais seuls, et, au jour du malheur ou du danger, ils sauraient où trouver des bras ouverts pour les recevoir, une âme aimante et ferme, un cœur loyal et énergique, prêt à tous les sacrifices, à tous les dévouements.

On m'a demandé souvent pourquoi je ne m'étais pas plutôt engagé dans l'armée régulière que dans les francs-tireurs, dans les « *irréguliers* ». C'est que dès

cette époque l'invasion était certaine et que je voyais,
dans la guerre de guérillas, faite avec intelligence, le
meilleur moyen de résister. Ma conviction du reste
n'a pas changé.

Nous devions, dans le principe, agir isolément par
bataillons de cinq cents hommes. Un corps de cinq
cents hommes, bien armés, bien équipés, composé,
comme les bataillons Lafon-Mocquard, d'anciens soldats et de jeunes gens décidés à faire résolument
leur devoir, me paraissait offrir de sérieux éléments
de succès dans une guerre de résistance à l'invasion.
Assez forts pour soutenir un combat d'avant-garde,
pour faire une guerre d'escarmouches et de sur-
prises, pour harceler, fatiguer, inquiéter une troupe
en marche, n'acceptant jamais un combat en règle, pro-
cédant toujours au contraire par coups de main har-
dis et rapides, nous aurions pu, je crois, si on nous
avait laissés à notre destination primitive, faire bien
du mal aux Prussiens. Nous eussions lutté avec avantage
contre les uhlans légendaires, qui auraient sans doute
plus d'une fois payé cher leur témérité.

Constamment en mouvement, sans voitures, sans
bagages, on nous aurait vus en vingt endroits à la fois,
partout où il y aurait eu un corps avancé à repousser,
un pont à faire sauter, une route à couper, des rails de
chemins de fer à enlever, des convois à surprendre,
des courriers à arrêter, des prisonniers à délivrer,
partout, en un mot, où il y aurait eu à exécuter une
opération de guerre n'exigeant aucun déploiement de
force, mais seulement du coup d'œil, de l'activité et de
l'audace. Si l'on eût formé avec des volontaires de cœur
et de bonne volonté, rompus à la fatigue et hardiment
commandés, une cinquantaine de corps francs de cinq
ou six cents hommes, et on eût facilement trouvé les

vingt-cinq ou trente mille hommes nécessaires; si l'on eût laissé ces corps agir au gré de leurs chefs selon les circonstances et l'inspiration du moment, tantôt isolé ment, tantôt plusieurs ensemble, sur la longue ligne de communication des Prussiens de Metz ou de Strasbourg à Paris, croit-on que le ravitaillement de l'armée allemande eût été si facile? Croit-on que cette guerre de détail qui épuise l'ennemi en le tenant constamment en haleine, qui l'éprouve par des pertes peu importantes, mais fréquemment répétées, ne nous eût pas été profitable et n'aurait pas rendu l'ennemi plus circonspect et moins entreprenant?

Pour moi, je le croyais alors et je le crois encore aujourd'hui; aussi ce fut avec un profond chagrin que je vis qu'on en avait disposé autrement. Quand les premiers bataillons Lafon-Mocquard furent organisés, l'armée de Mac-Mahon essayait de se reformer à Châlons. On rassemblait à la hâte et l'on dirigeait sur ce point toutes les forces dont on pouvait disposer. C'étaient les débris du premier corps vaincu à Reichshoffen dont le général Ducrot prit le commandement; le cinquième corps, général de Failly; le septième corps, général Douay; plus une troupe de formation nouvelle à laquelle on donna, on ne sait trop pourquoi, puisqu'il n'y avait ni huitième, ni neuvième, ni dixième, ni onzième corps, le nom de douzième corps. Le général Trochu devait le commander, mais comme il fut, à ce moment, nommé gouverneur de Paris, le commandement passa au général Lebrun.

Sauf la division d'infanterie de marine commandée par le général de Vassoigne et rattachée au douzième corps, toutes ces troupes ne pouvaient inspirer qu'une médiocre confiance. Les unes, déjà démoralisées par la défaite, n'avaient plus confiance dans leurs chefs;

les autres étaient composées de recrues mal exercées, mal équipées; toutes manquaient de cohésion, d'énergie, de foi en l'avenir et surtout de discipline.

Dans ces conditions, un corps de cinq cents hommes expérimentés et résolus était un appoint qu'on ne dédaigna pas. On voulut bien nous admettre dans l'armée. Seulement, en signe d'honneur pour un corps entièrement composé de volontaires, nous nous trouvions toujours en dehors de l'armée, en avant, en arrière ou sur les flancs, à portée d'une surprise et condamnés à faire des marches longues et pénibles, car, quand l'armée suivait une ligne droite, nous décrivions un demi-cercle autour d'elle.

Après des lenteurs qui nous parurent interminables, notre équipement fut enfin à peu près complet, et nous allâmes camper deux jours au bois de Boulogne. C'est là que j'eus l'honneur de monter ma première faction. Je fus préposé à la garde des cuisines; c'est ainsi, comme chacun sait, qu'on appelle, en langage militaire, de petits trous creusés en terre, dans lesquels on fait du feu et sur lesquels on pose des marmites en fer-blanc. J'avais pour consigne de ne pas laisser approcher de notre soupe les badauds parisiens qui vinrent en très grand nombre nous rendre visite. Par malheur ce jour-là il faisait beaucoup de vent et j'étais précisément sous le vent des cuisines. J'eus donc pendant deux heures une épaisse et âcre fumée de bois vert en plein visage, et quand on vint me relever de ma faction, j'avais les yeux rouges et larmoyants.

La nuit suivante, je fus encore de faction de deux heures à quatre heures et demie. Cette fois-ci plus de fumée, mais de la pluie, une pluie diluvienne qui transperça tout mon équipement. Au début j'étais très fier de recevoir l'ondée sans parapluie. Il y avait là

FRANCS-TIREURS FAISANT LA CUISINE.

quelque chose d'héroïque fait pour séduire un bour-
geois de Paris ; mais quand je fus mouillé jusqu'aux
os, je commençai à faire de sérieuses et tristes ré-
flexions. Je voulais bien me battre, mais attraper des
rhumatismes me paraissait vulgaire et désagréable. Je
revins assez penaud me sécher à un feu de bivouac ; je
devais en voir bien d'autres.

Les derniers préparatifs s'achèvent enfin. On distribue les sacs, les bidons, les cartouches. Nous levons
le camp vers six heures, et à sept heures nous partons,
sans dîner, bien entendu ; on nous annonce qu'à la
gare on nous distribuera des vivres. Notre marche, de
Suresnes à la gare du Nord, fut une marche triomphale,
une véritable ovation. Sur les boulevards, les voitures,
les promeneurs s'arrêtent ; la foule s'amasse, bat des
mains et nous acclame ; de tous côtés on voit les mou-
choirs s'agiter. Nos plus proches voisins nous serrent
les mains. — « Quel est ce bataillon ? — Les francs-tireurs Lafon-Mocquard, tous des volontaires. — Bravo !
c'est bien, c'est bien. » — Et vraiment nous avions
bon air. L'attitude martiale de nos camarades, notre
bonne tenue, et surtout notre titre de volontaires, en-
thousiasmaient la foule. Hélas ! sur notre passage
quelques cris de : *A Berlin!* se font encore entendre.
Il s'agissait bien à ce moment d'une guerre de con-
quête. La patrie était envahie ; c'était pour défendre
son sol sacré que nous nous levions. Qui donc pouvait
encore crier *A Berlin ?*

Nous arrivons à la gare. Naturellement personne
n'a pensé aux vivres ; on promet de nous en donner en
route ; en route nous ne trouvons rien sur tout le par-
cours, les buffets sont absolument vides, et nous
arrivons à Reims le lendemain 21 août, à quatre heures
du matin, à jeun. On nous conduit sur une promenade

voisine de la gare, où un régiment de cavalerie avait campé la veille, et on nous autorise à dresser nos tentes dans un endroit où les chevaux avaient séjourné. Fort heureusement quelques bottes de paille font disparaître ou plutôt dissimulent les inconvénients résultant de cette fâcheuse circonstance. Nous parvenons enfin à manger un morceau et nous nous reposons, pendant deux ou trois heures, de notre nuit de chemin de fer.

Ce jour-là même le bataillon fit une reconnaissance du côté du village de Verzenay, mais l'ennemi était encore loin. Tout se borna à une simple promenade sans grande émotion; quelques-uns d'entre nous, à l'imagination vive, prétendirent avoir aperçu à l'horizon la silhouette de vedettes prussiennes; il est permis d'en douter.

Le maréchal de Mac-Mahon arriva vers sept heures. Il fut aussitôt informé que l'Empereur l'avait fait demander depuis plusieurs heures. Il se rendit sans délai au quartier impérial, où se tint, en présence de l'Empereur, un conseil de guerre auquel assista M. Rouher, qui apportait de Paris les instructions du conseil des ministres.

M. Rouher exposa que rien n'exigeait que l'armée rétrogradât sur Paris, que cet abandon de Bazaine produirait le plus fâcheux effet et qu'il fallait à tout prix marcher au secours de Metz.

Le maréchal, partisan résolu de la retraite sur Paris, s'éleva vivement contre les idées exposées par M. Rouher. Il fit remarquer qu'il ne se croyait pas en état de se risquer au milieu des armées prussiennes avec des troupes d'une solidité douteuse. L'armée du Rhin était entourée de 200 000 ennemis; une armée de 80 000 hommes était aux environs de Verdun sous

LES HABITANTS DISTRIBUANT DES VIVRES AUX SOLDATS.

les ordres du prince de Saxe, enfin le prince de Prusse arrivait auprès de Vitry-le-François à la tête de 150 000 hommes. Il déclara que s'il ne recevait pas de nouvelles instructions du maréchal Bazaine, il se dirigerait le surlendemain sur Paris.

Dans l'opinion même de nos ennemis, c'était le plan que nous devions suivre. En se repliant lentement sur Paris, on retardait les progrès de l'invasion et on pouvait venir livrer une grande bataille défensive sous les murs de la capitale, soutenus par ses immenses ressources et ayant, en cas de revers, son enceinte pour refuge. Dans ces conditions, une défaite n'aurait pas eu de trop graves inconvénients et la présence de l'armée eût rendu impossible l'investissement de la ville.

L'Empereur ne fit aucune objection à ce plan. M. Rouher céda. Les ordres du mouvement dans la direction de Paris allaient être distribués, le 22, quand le maréchal de Mac-Mahon reçut une dépêche de Bazaine, en date du 19 août. Elle se terminait par ces mots : « Je compte toujours prendre la direction du nord et me rabattre par Montmédy sur la route de Sainte-Menehould à Châlons, si elle n'est pas fortement occupée. Dans ce cas, je continuerais sur Sedan et même Mézières pour gagner Châlons. »

Cette dépêche décida tout. Le maréchal Bazaine devait avoir commencé son mouvement. On ne pouvait le laisser écraser par des forces supérieures sans essayer au moins de le soutenir. Le maréchal de Mac-Mahon se décida à exécuter une opération de guerre demandée avec passion par l'opinion publique, appuyée par le ministre de la guerre et prescrite à plusieurs reprises par le conseil des ministres, mais qu'il regardait à juste titre comme téméraire et capable de conduire l'armée à sa perte.

DATES.	1er CORPS	5e CORPS.	7e CORPS.	12e CORPS.
21 août.	Reims.	Reims.	Reims et Sillery.	Reims.
22	Id.	Id.	Id.	Id.
23 ·	Saint-Hilaire.	Pont-Faverger.	Saint-Martin.	Hontregiville.
24	Juniville.	Rethel.	Coutienve.	Rethel.
25	Attigny.	Id.	Vouziers.	Id.
26	Voncq.	Neuville.	Id.	Tourteron.
27	Id.	Germont et Belleville.	Id.	Le Chesne.
28	Le Chesne.	Belval.	Boult-aux-Bois.	La Besace.
29	Raucourt.	Beaumont.	Oches.	Mouzon.
30	Carignan.	Mouzon.	En route vers Sedan.	Id.
31	Sedan.	Sedan.	Id.	Bazeilles.
1er sept.	Bataille de Sedan.	Bataille de Sedan.	Bataille de Sedan.	Bataille de Sedan.

N'ayant pas confiance dans le succès, le maréchal devait-il garder le commandement ? N'aurait-il pas dû donner à choisir au gouvernement entre sa démission et l'exécution du plan qu'il jugeait le meilleur ? Il ne crut pas devoir le faire. Dans les circonstances critiques où se trouvait le pays, il ne le pouvait pas. Sa démission eût paru une désertion. Il donna donc, le 22 au soir, les ordres pour marcher vers le nord, mais il le fit avec de sombres pressentiments et une profonde inquiétude.

Nous donnons ci-contre le tableau des marches exécutées par l'armée du maréchal, du 21 août au 1er septembre. Il permettra de suivre sur une carte les mouvements de l'armée et de se rendre mieux compte de ses opérations.

On pourra remarquer, en comparant les étapes du tableau des marches du 1er corps auquel nous appartenions, avec celles que j'indique plus loin pour le bataillon des francs-tireurs, que quelques-unes ne correspondent pas exactement. C'est que, comme je l'ai déjà fait observer, nous étions souvent détachés en éclaireurs, en tête, en queue ou sur les flancs, et que nous ne pouvions pas toujours arriver à nous réunir à temps au gros des troupes pour rentrer au campement.

Le 1er corps d'armée était passé des mains du maréchal, qui le commandait d'abord, dans celles du général Ducrot. Il avait été cruellement éprouvé à Wœrth et réorganisé tant bien que mal à Châlons. En voici la composition :

1re DIVISION.		2e DIVISION.	
GÉNÉRAL WOLFF.		GÉNÉRAL PELLÉ.	
1re brigade.	2e brigade.	1re brigade.	2e brigade.
Général Wolff	Général de Postis du Houlbec.	Général Montmarie.	Général Gandil.
13e bat. de chas 18e de ligne. 96e de ligne.	45e de ligne. 1er zouaves.	16e bat. de chas. 50e de ligne 74e de ligne.	78e de ligne. 1er tirailleurs algériens. 1er régiment de marche.
3e DIVISION		4e DIVISION.	
GÉNÉRAL LHERILLIER.		GÉNÉRAL DE LARTIGUE.	
1re brigade.	2e brigade.	1re brigade.	2e brigade.
Général Carteret-Trécourt.	Général Lefevie.	Général Fraboulet.	Général Carré de Bellemare.
8e bat. de chas. 36e de ligne. 2e zouaves.	48e de ligne. 2e tirailleurs algériens. 1er bataillon de francs-tireurs Lafon-Mocquard.	1er bat. de chas. 56e de ligne. 2e régiment de marche.	3e zouaves. 3e tirailleurs algériens.

Dans la journée que nous passâmes à Reims, nous pûmes, dès le premier moment, juger du profond désarroi où était l'armée. Le service d'éclaireurs et d'estafettes était fait par la gendarmerie du pays. A la nouvelle qu'il y avait des dangers à courir et des services à rendre, ces braves vétérans avaient retrouvé l'activité et l'ardeur de la jeunesse ; on les voyait passer au triple galop de leurs chevaux, qui contrastaient par leur bon état avec les chevaux déjà amaigris et fatigués de l'armée. Et ceux qui réfléchissaient se demandaient avec effroi ce qui resterait, au cas d'une nouvelle défaite, pour défendre le pays contre l'invasion, si l'on avait déjà recours à toutes les forces organisées, quelque peu importantes qu'elles fussent, et si vingt gendarmes étaient considérés comme de précieux auxiliaires pour une armée de 100 000 hommes.

La première nuit fut marquée par une alerte. Vers deux heures nous sommes réveillés par le cri : *Aux armes!* nous entendons un coup de feu, puis deux, rois, puis un nouvel appel aux armes. Chacun se lève en hâte, et tout en se demandant ce qu'il y a, on court aux faisceaux, on saute sur son fusil qu'on charge précipitamment. Cette opération faite par des hommes profondément troublés et à moitié endormis ne laissa pas que de m'inspirer une certaine appréhension. Je vis des camarades charger imprudemment leurs armes en dirigeant le canon contre leurs voisins et je ne sais vraiment comment il n'y eut personne de tué dans ce désordre. Nous attendons quelques minutes et le calme se rétablit. Après avoir été aux informations, nos chefs nous donnent en riant l'ordre de décharger les fusils et de nous recoucher paisiblement. L'histoire était simple.

Un jeune soldat placé en sentinelle avancée à 5 ou 600 mètres de notre campement croit apercevoir un Prussien se glisser le long d'une haie. Ne distinguant pas très bien, il crie : Qui vive ? Le Prussien interpellé ne répond pas ; une seconde fois : Qui vive ou je tire? Le Prussien ne répond pas davantage et notre soldat fait comme il l'avait dit. À son coup de feu les deux sentinelles voisines voyant un objet s'agiter dans l'ombre et pensant que le premier n'avait tiré qu'à bon escient, visent le prétendu Prussien, le man-

quent et se replient. Tout le camp se réveille et le
chien, c'était un chien, se sauve et court encore.

Après avoir ri de la méprise des sentinelles, tout
en pestant un peu contre elles, nous nous recouchons,
c'est-à-dire que nous rentrons sous la tente et nous
dormons jusqu'au jour.

CHAPITRE IV

Le lendemain, 23 août, commençait ce mouvement
fatal qui devait aboutir à Sedan. L'ordre nous fut donné
de rejoindre à Rethel le corps du maréchal de Mac-
Mahon. Nous reprîmes le chemin de fer. Au moment de
partir, les officiers vinrent donner quelques instructions : la route n'était pas très sûre ; les reconnaissances
avaient signalé quelques détachements de uhlans dans
les environs ; il fallait nous tenir sur nos gardes et au
premier signal être prêts à descendre de wagon pour
combattre. Pendant le trajet, les officiers passèrent de
wagon en wagon pour nous répéter ces instructions.

Tout à coup, au sortir d'un long tunnel, notre train
reçoit un choc violent et s'arrête net. Immédiatement
branle-bas général.

L'esprit plein de l'idée de l'attaque dont on vient de
nous entretenir, nous nous voyons déjà aux prises
avec les Prussiens ; chacun se dégage comme il peut
des bras de son vis-à-vis où la commotion l'avait jeté ;
on saisit son fusil et l'on se prépare à l'action. Je vois
encore la figure calme et énergique d'un clairon de

turcos qui roulait une cigarette à ce moment et qui,
continuant tranquillement son opération, nous exhorta
au calme et à la modération en nous prêchant mer-
veilleusement d'exemple. Nous descendons néanmoins
à la hâte des wagons, et, comme nous nous trouvions
au fond d'une tranchée, nous en escaladons les deux
côtés et nous nous déployons en tirailleurs, mais, tout
bien examiné, on s'aperçoit qu'il n'y a rien. Tout se
borne à une vulgaire rencontre de trains. Une aiguille
mal placée a dirigé le nôtre, lancé à toute vitesse, sur
un convoi de vivres et de munitions destiné au camp
de Mac-Mahon, dont on aperçoit les feux briller dans le
lointain. Chacun prend son sac et ses armes et l'on part
à pied pour le camp en glosant sur l'accident dont tout
le monde, à peu près, avait été plus ou moins victime.
Rien heureusement n'était grave : un bras démis, de
nombreuses contusions, quelques bosses au front,
quelques dents cassées, quelques genoux endoloris.
Tout le monde voulait découvrir le motif de l'accident
et chacun mettait en avant une hypothèse plus ou moins
hasardée ; après mûr examen et maint commentaire, on
finit par trouver le moyen de se mettre d'accord et de
satisfaire les plus difficiles en attribuant notre malheur
à quelque émissaire prussien, qui aurait fait dérailler
le train.

En deux heures de marche, nous eûmes rejoint le
gros de l'armée.

Nous traversâmes vers dix heures la ville de Rethel,
où régnait un désordre inouï, où l'on ne pouvait
trouver un morceau de pain, et nous allâmes camper
dans un champ converti en marais par les dernières
pluies, sur les bords de la route que devait suivre
l'armée. En effet nous vîmes, le lendemain, passer
devant nous toutes les troupes du maréchal de Mac-

Mahon. Le défilé fut long. Commencé à trois heures du matin, il durait encore à une heure de l'après-midi. Régiments de cavalerie, d'infanterie, d'artillerie, mitrailleuses, canons, caissons, fourgons, tout passait devant nous comme les tableaux éphémères d'une apparition fantasmagorique. « Dieu du ciel ! s'écrie une bonne femme à côté de moi, d'où cela sort-il donc ? Y en a-t-il, y en a-t-il ! Et dire qu'il y a des gens qui prétendent qu'il n'y a plus de soldats en France ! »

Si quelqu'un alors nous eût prédit le désastre de Sedan, il eût joué le rôle de Cassandre. Certes, un œil exercé entrevoyait déjà la défaite ; mais qui donc eût pu croire que ces beaux régiments, ce matériel immense, que tout, sans exception, serait, quelques jours après, entre les mains des Prussiens et que cette armée, prise tout entière d'un seul coup de filet, donnerait au monde le spectacle le plus incroyable et le plus douloureux ?

Entre onze heures et midi nous vîmes s'avancer un petit coupé qui suivait la file. Un encombrement s'étant produit, le coupé s'arrêta juste devant nous et quelqu'un avança la tête pour voir ce qui se passait. C'était l'Empereur. Il jeta sur nous un regard indifférent et se rejeta dans la voiture.

Lorsque tout fut passé, nous prîmes les armes. Au lieu de suivre l'armée, nous retournâmes en arrière, nous traversâmes Rethel et nous fîmes une marche de flanc qui ne nous ramena sur le corps du maréchal de Mac-Mahon qu'à la tombée du jour. Ce fut là notre première marche un peu longue avec armes et bagages. Armes et bagages, c'est bientôt dit, mais quelle somme de souffrances est contenue dans ces deux mots ! Le sac avec son contenu, le pain, la batterie de cuisine en fer-blanc, légère, mais volumineuse et embarrassante; la carabine Minié se chargeant par la culasse, bonne arme, mais très lourde, dont le calibre était fort et les balles très grosses. Le sabre-baïonnette, une cartouchière bien garnie, tout cela faisait un poids énorme. Quand le clairon sonnait le fatal *sac-au-dos* et qu'on allait se mettre en marche, je me demandais si je ferais vingt pas. Je suis toujours arrivé cependant, mais que de fois ai-je eu la tentation de jeter aux orties ce sac fatal !

Nous longeâmes pendant assez longtemps le canal des Ardennes, bordé de beaux arbres. Nous traversâmes un parc magnifique qui entourait un château près duquel on nous distribua du vin. Nous nous reposâmes à Thugny et nous arrivâmes le soir vers neuf heures à Attigny, où nous devions passer la nuit. La journée était belle. Sans la fatigue extrême que me causait mon équipement, cette promenade m'eût paru délicieuse.

Attigny, qui n'est plus qu'une jolie petite ville industrielle et agricole, a eu ses jours de splendeur. Placée sur les bords de la poissonneuse rivière d'Aisne, près de l'immense forêt des Ardennes, elle fut le séjour préféré des rois de la première et de la seconde race. Charlemagne y venait souvent, et c'est là qu'il fit baptiser le Saxon Witikind ; mais cet éclat a disparu depuis longtemps. Condamnée par sa situation à être continuellement un lieu de passage de troupes, elle fut peu à peu complètement dévastée. De 1638 à 1653 notamment, des bandes d'Allemands, de Lorrains, d'Espagnols, sans parler des Français, pillèrent et ruinèrent si bien les habitants, que le désespoir les réduisit à abandonner leurs maisons. Ce fut vers cette époque que disparurent les derniers vestiges des palais des anciens rois.

Nous campâmes, non loin de l'église, à côté d'un régiment de cuirassiers.

Au moment où nous commencions notre marche vers le nord-est, l'armée prussienne était encore dans l'ignorance de nos projets. Ses espions, les journaux, des informations de sources diverses lui avaient appris la formation d'une armée nouvelle à Châlons, mais là s'arrêtaient ses renseignements. Que devait faire cette armée? Allait-elle livrer bataille auprès de Châlons, marcher au secours de Bazaine ou se replier sur Paris, ce qui paraissait l'hypothèse la plus probable. Autant de résolutions possibles et qui exigeaient des Prussiens des contre-opérations différentes.

Dans cette indécision, les deux armées chargées de marcher sur Paris s'arrêtèrent pendant les journées des 20, 21 et 22 août. Le 23 au matin, elles commencèrent leur mouvement vers Paris et firent en passant sur Toul et Verdun des tentatives qui restèrent sans résultat.

Le 24 août, au soir, le prince royal fut averti que l'armée française avait quitté le camp de Châlons en incendiant les magasins, mais il ne fut pas encore exactement renseigné sur la direction prise par elle. Enfin, le 25, un télégramme venu de Londres, des journaux, des lettres saisies éclairèrent les Prussiens sur le mouvement du maréchal, auquel M. de Moltke avait d'abord refusé de croire, tant il trouvait défectueuse une pareille combinaison stratégique.

Un conseil de guerre fut immédiatement tenu. Une fois la conviction faite dans tous les esprits, un nouveau plan fut arrêté avec décision et mis à exécution avec une précision et une promptitude merveilleuses. L'armée devait changer de front et remonter vers le nord.

Le lendemain 26, à la première heure, tous les corps

s'engageaient sans hésitation sur les routes du nord et
du nord-ouest. La cavalerie s'élançait rapidement en
avant, et le soir même elle rétablissait le contact avec
l'armée française à Vouziers, Grandpré, Buzancy et
Barricourt.

Le 27, le maréchal était au Chesne-Populeux. Averti
du voisinage de l'ennemi et se sentant gagné de vitesse, il essayait encore de se dégager des instructions
qui lui prescrivaient la marche sur Metz et adressait
au ministre de la guerre le télégramme suivant :

« Le Chesne, 27 août 1870, 8 h. 30 soir.

« Les 1re et 2e armées, plus de 200 000 hommes, bloquent Metz, principalement sur la rive gauche; une
force évaluée à 50 000 hommes serait établie sur la rive
droite de la Meuse pour gêner ma marche sur Metz.
Des renseignements annoncent que l'armée du prince
royal de Prusse se dirige aujourd'hui sur les Ardennes
avec 50 000 hommes; elle serait déjà à Ardeuil. Je suis
au Chesne avec un peu plus de 100 000 hommes. Depuis le 19, je n'ai aucune nouvelle de Bazaine; si je me
porte à sa rencontre, je serai attaqué de front par une
partie des 1 et 2e armées qui, à la faveur des bois,
peuvent dérober une force supérieure à la mienne, en
même temps attaqué par l'armée du prince royal de
Prusse me coupant toute ligne de retraite. Je me rapproche demain de Mézières, d'où je continuerai ma
retraite, selon les événements, vers l'ouest. »

Le ministre lui répondit immédiatement en lui en-
joignant, au nom du Conseil des ministres et du Conseil
privé, d'avoir à continuer de se porter au secours de
Bazaine en profitant des trente heures d'avance qu'il
avait sur le prince royal de Prusse; il lui annonçait que
le général Vinoy se portait à son aide.

VERDUN.

En même temps une dépêche plus explicite exposait à l'Empereur la nécessité de persister dans le plan arrêté.

« Paris, 27 août 1870, 11 h. soir.

« Si vous abandonnez Bazaine, la révolution est dans Paris et vous serez attaqué vous-même par toutes les forces de l'ennemi. Contre le dehors Paris se gardera. Les fortifications sont terminées. Il me paraît urgent que vous puissiez parvenir rapidement à Bazaine. Ce n'est pas le prince royal de Prusse qui est à Châlons, mais un des frères du roi de Prusse, avec une avant-garde et des forces considérables de cavalerie. Je vous ai télégraphié ce matin deux renseignements qui indiquent que le prince royal de Prusse, sentant le danger auquel votre marche expose et son armée et l'armée qui bloque Bazaine, aurait changé de direction et marcherait vers le nord. Vous avez au moins trente-six heures d'avance sur lui, peut-être quarante-huit heures. Vous n'aurez devant vous qu'une partie des forces qui bloquent Metz, et qui, vous voyant vous retirer de Châlons à Reims, s'étaient étendues vers l'Argonne. Votre mouvement sur Reims les avait trompées. Comme le prince royal de Prusse, ici tout le monde a senti la nécessité de dégager Bazaine et l'anxiété avec laquelle on vous suit est extrême. »

Le maréchal, malgré toutes ses instances, n'avait pu obtenir de reculer. Le mouvement en avant continua donc.

Le troisième jour de notre marche, le 26, nous éprouvâmes, pour la première fois, de la peine à nous ravitailler et je commençai à me rendre compte de la difficulté que présente l'approvisionnement d'une armée, même dans un pays riche qui offre, en temps

ordinaire, de grandes ressources. Nous arrivâmes,
l'après-midi, après une longue marche dans des chemins si détrempés par la pluie qu'on y enfonçait jusqu'à la cheville, à un petit village où le gros de l'armée
venait de passer. Figurez-vous un champ ravagé par
une nuée de sauterelles : il ne restait rien, rien. Quelque prix que l'on offrît, on ne pouvait obtenir ni pain,
ni vin, ni quoi que ce fût. Après avoir vainement
frappé à maintes portes, nous entrâmes, mon ami et
moi, dans une petite chaumière. La maîtresse du logis,
une pauvre paysanne, se croyant enfin débarrassée des
visites importunes d'hôtes affamés, venait de mettre au
feu une soupe aux pommes de terre. Elle n'avait encore
rien mangé de la journée et fit, en nous apercevant,
un geste de désespoir. Son premier mouvement fut de
vouloir nous renvoyer doucement. « Eh! mes pauvres
enfants, je n'ai plus rien ! » Au bout d'un instant, cependant, voyant nos mines hâves et fatiguées, elle nous
fit asseoir, nous dit d'attendre, et quand la soupe fut
chaude, nous en donna à chacun une pleine assiettée.
Je n'ai jamais rien mangé de meilleur. Malgré toutes
nos instances, elle ne voulut rien accepter de nous. Je
me rappellerai longtemps la bonne vieille du petit village de Semuy et la soupe aux pommes de terre. Dieu,
qui ne laisse pas sans récompense un verre d'eau
donné en son nom, tiendra compte à cette excellente
femme de sa bonté pour nous. Si jamais, loin de leur
pays, ses enfants ont à demander l'hospitalité, puissent-
ils trouver partout un accueil semblable à celui que
leur mère nous donna!

Le soir même de ce jour, nous éprouvâmes un trai-
tement tout autre. Nous reçûmes l'ordre de camper
auprès du village de Voncq, sur un plateau élevé où se
trouvait une ferme isolée. A notre arrivée, le fermier

VOUZIERS.

eut le triste courage de couper la corde de son puits de peur que nous ne lui prissions son eau. Cela nous obligea à descendre dans la vallée pour y puiser, à un ou deux kilomètres de là, dans un petit ruisseau l'eau qui nous était nécessaire; en outre, il refusa de nous laisser prendre, dans un de ses champs, des pommes de terre que nous étions tout disposés à lui payer deux ou trois fois leur valeur. J'appris, quelque temps après, que, le surlendemain de notre passage, les Prussiens avaient brûlé la ferme et maltraité le fermier. J'avoue que je n'en eus que peu de regret. Pour ma part, dans le premier moment d'irritation que me causa l'inconcevable égoïsme de cet homme, il me semble que je l'aurais volontiers pendu avec ce qui restait de la corde de son puits. Certainement, si j'étais chef et que de tels faits vinssent à ma connaissance, je me montrerais impitoyable.

Avant de rentrer sous la tente, nous allâmes, à la tombée de la nuit, faire une petite visite dans le 1er régiment de turcos campé près de nous. Un de mes amis s'était engagé dans ce brave régiment, qui le premier supporta héroïquement l'effort de l'armée ennemie à Wissembourg, à Frœschwiller, et dont les derniers débris devaient bientôt disparaître à Sedan. Tous mes lecteurs connaissent le turco dont je parle, M. Albert Duruy. Il porte un nom dont l'Université est justement fière, et il a fait preuve, pendant cette malheureuse guerre, du patriotisme le plus ardent et d'une bravoure à toute épreuve. Nous le demandâmes; il était de grand'garde dans un ravin au bas du plateau que nous occupions, à quatre ou cinq cents mètres en avant.

Nous descendîmes dans la direction qu'on nous avait indiquée par une pente si rapide qu'il fallait s'accrocher aux buissons pour ne pas tomber, et, en peu

d'instants, nous arrivâmes au bivouac. Le spectacle
était fantastique. Bien que le ciel fût brillant d'étoiles,
la nuit était sombre. Autour d'un feu de branches
sèches que l'on ranimait par instants en y lançant
quelques brindilles, les officiers causaient. Plus loin,
dans la pénombre, on voyait se glisser et surgir à
l'improviste à vos côtés des turcos silencieux comme
des fantômes, dont les yeux brillants et les dents
blanches se détachaient seuls de l'obscurité. On nous
accueillit avec joie, on nous fit du café à la manière
arabe, que nous servit Abderraman, un noir superbe,
conteur infatigable auquel on demanda dans la soirée
le récit des impressions que lui avait laissées le court
séjour qu'il venait de faire à Paris et qui les raconta
sans se faire prier dans un français incorrect et haché,
mais pittoresque et fort amusant. Nous nous assîmes
sur un fagot et nous causâmes. Nous causâmes de
Paris. Nous apportions des nouvelles fraîches et l'on
était bien désireux d'en avoir. On passa en revue les
amis communs et l'on eut la satisfaction de voir que
beaucoup avaient fait leur devoir. « Un tel? » — « Il
est engagé. » — « Et un tel? » — « Dans la mobile ;
il fait l'exercice toute la journée avec un manche à
balai. » Et de rire. Il fait si bon se retrouver et causer
des absents.

Mais, malgré tout, la gaieté n'était qu'apparente.
Plus la conversation paraissait enjouée, plus on sentait que chacun faisait effort sur lui-même pour
paraître ce qu'il n'était pas. Les officiers étaient troublés, préoccupés, inquiets. L'indiscipline dans l'armée, l'irrésolution générale des chefs, la présomp-
tion, l'incapacité notoire de quelques-uns d'entre eux,
leurs rivalités, la démoralisation qui, pour le Français surtout, suit toujours une première défaite, le

cataclysme politique qui se préparait et que chacun pressentait, étaient autant de graves sujets d'inquiétudes; mais si nous eussions pu sonder l'avenir, de quelles angoisses eussent été déchirés ces nobles cœurs! De ces hommes avec qui nous avons causé ce soir-là, les uns se sont fait tuer à Sedan, les autres gardent, saignante encore et toujours ravivée, la blessure que nos désastres leur ont faite au cœur.

Le lendemain dimanche, 28 août, nous étions debout de bonne heure. Le temps était redevenu mauvais, il pleuvait à verse. Réveillés d'abord au milieu de la nuit par une fausse alerte, nous recevons à trois heures et demie l'ordre de nous tenir prêts à partir au premier signal. L'ennemi (c'était le 1er corps d'armée bavarois) était près de nous et ses reconnaissances se montraient de temps en temps. Nous enlevâmes rapidement nos tentes et nous bouclâmes nos sacs, mais nous dûmes attendre de bien longues heures, sous une pluie torrentielle, l'ordre du départ, qui ne vint qu'à quatre heures de l'après-midi. Pas une maison, pas un arbre aux environs pour nous mettre à l'abri, pas de tentes, elles étaient repliées. A terre une boue épaisse ou d'énormes flaques d'eau. Impossible de s'asseoir. Debout, tantôt appuyés sur nos fusils, tantôt faisant quelques pas pour changer de position, nous reçûmes stoïquement l'averse pendant près de douze heures, sans autre nourriture qu'un biscuit et un peu de café à peine tiède, car, malgré tous nos efforts, notre pauvre feu de bois vert, inondé de pluie, menaçait sans cesse de s'éteindre. Vers trois heures nous crûmes la bataille sérieusement engagée. L'artillerie se mit à tonner et on nous fit descendre dans un petit ravin pour nous mettre à l'abri et dissimuler notre présence. Nous étions jusqu'à mi-jambe dans

de la terre glaise détrempée. Chaque pas coûtait un
effort énorme. Si, à ce moment, on nous avait commandé un mouvement un peu vif, il nous eût été de
toute impossibilité de l'exécuter. Au bout d'une heure
cependant le feu de l'artillerie se ralentit et s'éteignit
complètement. C'était partie remise. Nous nous diri-
geâmes alors à travers bois, par des chemins horribles,
vers le *Chesne-Populeux*, beau village qui se trouve
auprès de l'un des principaux défilés de l'Argonne.
J'y arrivai exténué. On nous fit camper dans un
champ de betteraves. Pour la première fois de ma vie
j'éprouvai le regret de ne pas aimer la betterave.
J'aurais trouvé sous la main une nourriture saine et
surtout abondante.

Nous nous chargeons, mon ami et moi, de la corvée
de la paille. A cet effet, nous allons au Chesne-Populeux
et nous en achetons deux bottes superbes, mais il faut
les rapporter au campement. C'est là la difficulté. Le
village est littéralement au pillage. Le désordre y est
au comble. Un officier se poste, le revolver au poing,
à l'entrée de la grande rue et défend de sortir en
emportant quoi que ce soit. Nous faisons rapidement
demi-tour, nous enfilons une ruelle, nous franchis-
sons des haies, nous escaladons des murs, nous traversons un ruisseau, j'enfonce jusqu'aux genoux dans
une mare, cela toujours avec nos deux bottes de
paille. Je sens que les forces m'abandonnent, mais à
aucun prix je ne lâcherai ma paille. C'est elle qui,
étendue dans la tente, nous isolera du sol boueux,
dont l'humidité nous glacerait, c'est elle qui recevra
doucement nos membres fatigués, qui nous tiendra
chaud, c'est elle qui nous permettra de dormir, c'est
elle, en un mot, qui nous sauvera.

Depuis que j'ai été soldat, e p ains moins ceux qui

couchent sur la paille. En campagne du moins, ceux-là sont les heureux, je vous l'assure.

Nous arrivons enfin et nous sommes bien reçus, quoique nos camarades ne se doutent pas de la somme d'efforts que nous ont coûtés les deux bottes de paille que nous rapportons. Tandis qu'ils l'étendent dans la tente qu'ils ont dressée, mon ami, plus énergique et plus vigoureux que moi, retourne au village, s'abouche, en sa qualité d'homme de loi[1], avec l'huissier du pays, et en obtient, moyennant finance bien entendu, deux bonnes bouteilles de vieux vin. Pendant ce temps les camarades faisaient la popote. Un morceau de viande, un verre de vin, une bonne nuit, et le lendemain je me levai dispos.

Les vieux soldats qui étaient parmi nous supportaient naturellement la fatigue bien mieux que les conscrits. Une des principales raisons était que les recrues se composaient, pour la plupart, de jeunes gens habitués à une vie sédentaire et douce, tandis que nos camarades appartenaient en général à des classes moins aisées et paraissaient habitués à une vie de rudes labeurs ; mais il y avait aussi un autre motif. Le vieux troupier sait le prix de tout. A chaque halte, quand il n'aurait que quelques minutes, il fait un somme ; a-t-il un peu de temps devant lui, vite il allume du feu pour faire du café ou de la soupe, et pour se chauffer s'il fait froid. Boire, manger, dormir, faire provision de forces, les économiser, les emmagasiner, pour ainsi dire, voilà sa grande, sa constante préoccupation. Il sait qu'un jour peut venir où l'on aura des fatigues énormes à supporter, que les vivres peuvent manquer et que, quand on dépense tant de forces, il faut les

---

1. Mon ami, M Charles Bertinot, est actuellement avoué au tribunal de première instance de la Seine.

réparer sans cesse pour tenir la machine en état. La fatigue ·de la marche, les corvées, le poids du sac, le froid de la nuit, les veilles, la nourriture souvent insuffisante, faisant parfois complètement défaut, voilà quelques-unes des souffrances obscures et sans gloire du soldat. Elles sont plus pénibles à supporter que les fatigues et les dangers d'un jour de bataille.

Nous fîmes ce jour-là, en trois pauses, de cinq heures du matin à sept heures du soir, une marche monotone, pénible. Le pays que nous traversions est magnifique, mais l'état de fatigue dans lequel nous commencions à nous trouver nous empêchait de prendre plaisir à considérer ces beaux points de vue.

Nous campâmes à Raucourt sur le flanc d'une colline, sur un diable de terrain tellement en pente que nous glissions constamment les uns sur les autres. La nuit était humide et froide et nous n'avions pas de paille. Je ne pus fermer l'œil. Bientôt les camarades renoncent comme moi au sommeil, nous allons chercher du bois et nous allumons un bon feu sur lequel nous faisons la soupe.

Cependant le dénoûment s'avance. Nous nous rapprochons de l'ennemi, ou, pour parler plus exactement, l'ennemi se rapproche de nous. Le 30 août, à trois heures du matin, nous quittons Raucourt, et nons venons de très bonne heure prendre position auprès de Remilly, sur les coteaux qui dominent la Meuse. A nos pieds le fleuve, plus loin d'immenses prairies, à droite et à gauche des collines boisées. Une batterie d'artillerie s'installe à nos côtés et l'on se met à construire deux ponts pour livrer passage à l'armée. Le génie ignorait-il, lorsqu'il fit établir par les pontonniers ces deux mauvais passages qui exigèrent beaucoup de temps et de peines, qu'à quelques centaines de mètres en aval, entre Bazeilles et Remilly, il y avait un pont magnifique, celui du chemin de fer, que lui cachait un coude de la Meuse ? Ce qu'il y a de certain, c'est que le génie ne pensa pas plus à l'utiliser pour faire passer les troupes françaises qu'à le détruire quand les Prussiens arrivèrent pour en profiter. L'ordre de le faire sauter fut cependant donné le lendemain par le quartier général, mais cet ordre ne fut pas exécuté, soit que les Prussiens s'en fussent déjà emparés, soit que les moyens manquassent, soit enfin qu'on n'ait pas pu réussir mieux que la veille à le découvrir !

Quoi qu'il en soit, vers sept heures les ponts de bateaux sont terminés et le défilé commence. Arrivés les premiers, nous devons traverser le fleuve les derniers, ramenés brusquement de l'avant-garde à l'extrême arrière-garde.

Ce jour-là, nous nous reposons. Quand je dis nous nous reposons, je veux simplement dire que nous restons en place. A peine a-t-on fait halte, que je suis chargé de la corvée du bois. Je vais, à près d'un kilomètre, couper un fagot de bouleau et ramasser un peu de bois mort. A mon retour, je suis désigné, avec quelques camarades, pour la corvée du pain. Nous descendons à Remilly où étaient parvenues des voitures de l'intendance et nous nous chargeons chacun de cinq ou six pains de quatre livres. Ils étaient mauvais, moisis, et il fallait trier dans le tas ceux que l'on pouvait encore manger, mais enfin c'était du pain; nous n'avions que du biscuit depuis six jours. Comme je les regardais avec un air de désappointement : «Prends-les, camarade, me dit un vieux troupier et prends-en le plus que tu pourras. Vois-tu, quand on donne au soldat du pain comme ça, c'est que le lendemain il n'y en aura plus. » Le conseil me parut bon et je le suivis, j'en pris une bonne charge.

Je rapporte mes pains, et, comme je trouve que j'ai fourni mon contingent de corvées, je m'esquive pour en éviter de nouvelles et je profite du voisinage de la Meuse pour faire une toilette complète : c'est si bon quand on couche par terre et qu'on ne change jamais de vêtements ! Après le bain un repas excellent. Un homme de notre escouade avait acheté, en passant dans un village, une oie et un lapin ; on les confia à un vieux troupier, cuisinier habile, répondant au nom polonais de Dombrowski, qui se chargea de les apprêter. Il y ajouta un reste de bœuf, énormément de sel, fit mijoter le tout, nous avions du temps, et nous servit un plat de sa façon que je vous recommande en tout temps, mais surtout quand vous aurez passé six jours sans manger autre chose que du biscuit tout sec ou accompagné d'un morceau de viande à moitié crue ; c'était exquis. Après avoir mangé, j'écrivis deux ou trois lettres, que je portai à la poste à Remilly ; elles sont arivées un an après.

Vers quatre heures nous sommes brusquement arrachés à notre court loisir ; on nous fait rapidement prendre les armes et on nous dispose en tirailleurs dans les champs qui bordent la route que suivait l'armée. Une sinistre nouvelle se répand parmi nous. Un corps d'armée, dit-on, vient d'être surpris et décimé par les Prussiens cachés dans les bois.

Ce n'était que trop vrai. Le 5e corps venait d'éprouver à Beaumont un terrible échec.

Les troupes du général de Failly étaient arrivées à Beaumont, pendant la nuit du 29 au 30, après une marche des plus pénibles dans des chemins défoncés ; l'arrière-garde ne parvint au campement qu'à 5 heu-

res du matin; les hommes étaient épuisés. Le général
jugea nécessaire de leur accorder un long repos et
décida, contrairement aux ordres du quartier général,
qu'on ne lèverait le camp qu'assez tard dans la matinée.
Le maréchal, parti de grand matin de Raucourt pour
se rendre à Mouzon, fit un détour et passa à 7 heures et demie à Beaumont. Étonné d'y trouver au repos
le 5ᵉ corps qui devait, en effet, d'après ses instructions,
quitter Beaumont entre 6 et 7 heures pour traverser la
Meuse, il fit appeler le général de Failly qui était
encore couché. On le réveilla, et le maréchal lui re-
procha de n'avoir pas exécuté ses ordres. Le général
prétexta la fatigue de ses troupes et assura que le camp
serait levé vers 9 heures.

A midi, les troupes occupaient encore les positions
où elles avaient été établies, de la manière la plus im-
prévoyante, au sud et au nord du village. Au lieu d'occuper ou, tout au moins, de garder les hauteurs, ce
qui eût été de la prudence la plus élémentaire, les
régiments étaient cantonnés dans un espace étroit
compris entre la Meuse et l'Yoncq, ruisseau qui va se
jeter dans le fleuve à Mouzon, au pied de collines qui
les dominaient de toutes parts et qui sont couvertes de
bois très fourrés où les routes seules sont praticables.

L'état-major déjeunait tranquillement chez le maire,
sourd aux avertissements répétés que des gens du
pays venaient sans cesse lui donner de l'approche de
l'ennemi. Les officiers de tous grades étaient à table
ou se promenaient dans le village en causant et en
fumant. Les soldats faisaient la soupe, et, comme les
pluies récentes avaient encrassé et rouillé les fusils,
ils les avaient démontés, en nettoyaient et en séchaient
les pièces autour des feux de bivouac. Les canons
n'étaient pas attelés, on avait conduit les chevaux à

l'abreuvoir ; enfin le camp français était plongé dans la
sécurité la plus complète, lorsqu'il fut tout à coup
inondé d'obus et couvert de mitraille.

L'artillerie bavaroise, qui s'était installée tranquillement auprès de la ferme de la Petite-Forêt, à 400
mètres de nous, venait d'ouvrir le feu.

Arrivée silencieusement par les bois, la colonne
bavaroise avait l'ordre de rester cachée et de ne pas
agir avant que les autres corps eussent débouché de la
forêt par d'autres chemins, pour entreprendre une
attaque d'ensemble; mais la partie lui parut trop belle,
et, sans attendre un instant l'arrivée des autres colonnes, elle déploya quelques tirailleurs dans les bois
et disposa ses batteries d'avant-garde de manière à
profiter immédiatement de l'avantage de la surprise.
Elle avait pu arriver à 400 mètres de nous et s'y établir ! Comme à Wissembourg, comme en cent ren-
contres de cette guerre funeste, pas une patrouille, pas
une grand'garde, pas une sentinelle avancée pour veiller au salut de l'armée !

Un désordre inouï, une confusion indescriptible,
règnent chez ces hommes désarmés à cette attaque
inattendue. Les officiers cherchent partout leurs
troupes, les soldats demandent où sont leurs officiers.

Peu à peu cependant le calme renaît, les soldats re-
montent leurs fusils à la hâte, les officiers, redevenus
de sang-froid, les rallient et lancent les premiers prêts
sur l'artillerie ennemie qui, en raison de sa proximité,
fait rapidement de grandes pertes et voit le nombre de
ses servants réduit à trois par pièce. On attelle les
canons, les batteries françaises prennent position et
éprouvent cruellement les Allemands en marche en
envoyant leurs obus sous bois; mais des renforts arrivent sans cesse à l'ennemi, et lorsque à une heure le

UHLANS EN VEDETTE OU EN RECONNAISSANCE.

corps français, enfin complètement rallié, dessine une attaque vigoureuse, les Allemands appellent leurs bataillons de réserve qui couronnent les hauteurs tout en restant à l'abri dans les bois. Nos soldats, accueillis par des feux de salve et à volonté, sont décimés et obligés de reculer.

Entre 1 et 2 heures, une division tout entière arrive aux Prussiens. Elle débouche sur la droite de celle qui était déjà engagée et met cinquante pièces en batterie; nos tirailleurs, placés à 6 ou 700 mètres, déciment les artilleurs. Encouragés par ce succès, ils s'élancent à la charge et arrivent jusqu'à cinquante pas des pièces, mais un feu roulant les arrête, une charge à la baïonnette les repousse; ils reviennent en désordre. Après cet insuccès il faut évacuer Beaumont, dont l'ennemi s'empare.

Pendant ce temps les Allemands achèvent leur mouvement.

Les Saxons menacent le flanc droit, les Bavarois le flanc gauche. Bientôt vingt-cinq batteries s'efforcent de réduire au silence l'artillerie du 5e corps qui soutient la lutte avec une extrême vigueur, malgré la disproportion des forces, ce qui permet à l'infanterie d'effectuer sa retraite. Quand elle voit le terrain évacué, l'artillerie se replie.

Les Prussiens s'avancent alors; ils occupent presque sans coup férir le bois de Girodeau, mais chaque fois qu'ils essayent d'en sortir pour déboucher en plaine, l'arrière-garde, placée à Villemontry, les arrête et les force à rentrer sous bois.

A droite, les Allemands se heurtent à une vigoureuse résistance. Au bruit du canon, le 12e corps avait rétrogradé; il avait pu choisir ses positions. Son artillerie couronnait les hauteurs, son infanterie occupait les bois. Après plusieurs efforts infructueux l'ennemi renonce à toute offensive sur ce point.

Il n'en est malheureusement pas de même à gauche. Les Français sont délogés successivement de toutes les hauteurs boisées qui dominent le pays au nord de Beaumont. Ils se replient d'abord sur la montagne dite du Faîte, puis sur le mont de Brenne, placé en avant de Mouzon, entre ce village et Pourron; mais c'est en vain qu'ils tâchent de prolonger la résistance. Le mont de Brenne, occupé par quelques bataillons et trois batteries destinées à prendre l'ennemi en flanc à sa sortie du bois de Girodeau, est enlevé par un mouvement tournant exécuté à l'ouest. Plusieurs pièces de canon restent aux mains de l'ennemi; il faut reculer encore, les communications vont être coupées. Le général de Failly ordonne définitivement la retraite.

Cette retraite fut un désastre. L'ennemi avait déjà pris position en avant d'Yoncq; il fallut un combat vigoureux pour se frayer passage; on perdit là deux canons, des bagages et de nombreux traînards. Peu à peu le désarroi s'accroît, la retraite devient une fuite désordonnée. La plus grande partie des troupes se précipite sur Mouzon, dont le pont est encombré et ne laisse passer que lentement les fuyards. Quelques-uns traversent la Meuse à la nage, d'autres suivent la rive jusqu'à Villers.

A ce moment le général de Failly déploie en tirailleurs, avec recommandation expresse de tenir jusqu'à la dernière extrémité, un bataillon du 30ᵉ régiment, qui, fidèle à son devoir, fut presque complètement anéanti, et le 6ᵉ cuirassiers, placé sur l'autre côté de la Meuse, reçoit l'ordre de protéger la retraite des débris du 5ᵉ corps et d'arrêter la poursuite des Allemands. L'héroïque régiment traverse la Meuse à gué et

charge impétueusement l'ennemi sur le flanc gauche ;
il arrive jusque sur les lignes prussiennes. Un sous-
officier lutte corps à corps avec le capitaine Helmuth.
Ramené, le régiment revient à la charge. Pendant une
heure il fait tête, mais cette charge de cavalerie, aussi
brillante que celle de Reichshoffen, n'a pas plus de
résultat que toutes celles qui furent exécutées pendant
cette malheureuse guerre. Le régiment revient en désordre, laissant sur le terrain son colonel, M. de Con-
tenson, le lieutenant-colonel, M. Assant, un chef d'escadron, M. Brincourt, et un grand nombre d'hommes
et de chevaux.

Cette honorable résistance permit du moins aux
débris du 5ᵉ corps de passer la Meuse à Mouzon. Les
Allemands ne purent s'emparer du pont, mais ils prirent
le faubourg de la ville et barricadèrent la route. Le
passage devenait impossible.

Un grand nombre de soldats, n'ayant pu traverser
la Meuse à temps, sont pris dans les fourrés où ils s'é-
taient réfugiés. Le lieutenant-colonel Demange, avec
le commandant Escarfeuil, rallie quelques hommes
du 88ᵉ et occupe une ferme dans laquelle il se main-
tient une partie de la nuit. A la faveur des ténèbres il
attaque les grand'gardes prussiennes et les repousse ;
mais des renforts arrivent à l'ennemi, sa petite troupe
se disperse. Les uns sont sabrés, les autres pris, quelques-uns seulement parviennent à passer la Meuse.

Les Français avaient perdu dans ce combat 1800
hommes tués ou blessés, 2000 prisonniers, 42 canons
et un matériel de guerre considérable.

Les Allemands eurent 3500 hommes hors de combat. On remarquera l'importance des pertes des vainqueurs. Elles sont du double environ de celles de
l'armée vaincue. C'est que, ce jour-là, les Allemands

combattirent en masses profondes. 156 000 hommes devaient se déployer sur un front de 6 kilomètres seulement, ce qui donne une densité moyenne de 26 hommes par mètre courant, tandis que les Français, pendant la retraite surtout, combattirent presque toujours en tirailleurs. Avec les fusils à tir rapide, les combattants dispersés ont un avantage considérable sur des troupes concentrées.

Telle fut cette lamentable journée, triste prélude de la catastrophe du surlendemain. Outre les pertes matérielles considérables qu'elle nous infligea, elle eut pour résultat de démoraliser l'armée en portant l'effroi dans le cœur de tous, et d'enlever au soldat la confiance dans ses chefs. Questionné par le général Margueritte sur ce qui venait d'arriver à Beaumont, un fuyard du 5ᵉ corps lui répondit en lui demandant simplement si l'on n'allait pas fusiller le général de Failly.

Et cependant, si le commandant du 5ᵉ corps s'était gardé comme il aurait dû le faire, si, au lieu d'établir son camp dans un bas-fond, il avait occupé les hauteurs, il eût pu repousser avec succès la première attaque, appeler à son aide le général Douay qui n'était qu'à deux heures de lui, et informer de sa position le commandant en chef qui, en ramenant vivement toute l'armée en arrière, aurait pu écraser l'ennemi et changer en victoire cette malheureuse déroute. Au lieu de retarder sa marche, un combat de ce genre l'eût singulièrement favorisée. Pour une armée poursuivie, un échec important infligé à l'ennemi n'est jamais une perte de temps. S'il retarde le premier jour, il désorganise la poursuite, il rend l'adversaire timide ou tout au moins plus circonspect, et il facilite au contraire les mouvements ultérieurs.

Bientôt les débris de ce malheureux corps commencent à passer devant nous. Les soldats arrivent en désordre, pâles, abattus, maudissant leurs chefs et mourant de faim. La plupart jettent un œil d'envie sur les pains à moitié moisis ficelés à nos sacs, et quand, émus de pitié, nous leur en donnons un morceau, ils se le disputent comme des bêtes fauves.

Dans ce pêle-mêle nous voyons des soldats de diverses armes conservant chacun, dans la défaite même, cet esprit de corps qui devient une seconde nature. Ici c'est un zouave. Il a encore l'air fier et martial comme un lion acculé; le vrai zouave peut battre en retraite, il ne fuit jamais. La calotte en arrière, la veste et le gilet ouverts, la figure, le cou, les mains noirs de poudre, le chassepot en bandoulière, il marche lestement, malgré son énorme sac en pyramide que surmonte un moulin à café. Là, c'est un cuirassier démonté, embarrassé dans ses grosses bottes; il a jeté son casque et sa trop pesante cuirasse et s'avance péniblement. Voici venir une batterie, ou plutôt les restes d'une batterie. Les artilleurs, enveloppés dans leurs grands manteaux, paraissent abattus, mais résignés; ils ont conscience d'avoir lutté autant que l'inégalité des armes le leur permettait. Un jeune soldat blessé et affaibli par le sang qu'il a perdu, dort à cheval sur un canon dans la position d'un cavalier novice qui, pour ne pas tomber, entourerait de ses deux bras le cou de sa monture. Il faut avoir bien besoin de sommeil pour dormir sur un semblable lit. Au milieu de tout cela, on voit de temps en temps briller le képi doré d'un officier supérieur essayant de remettre un peu d'ordre dans le défilé. C'est surtout la ligne qui a souffert. Nos pauvres fantassins viennent par petites bandes, sans sacs, sans képis; les uns se traînent en s'appuyant sur

leurs fusils, les autres ont la tête entourée de linges
sanglants, d'autres le bras en écharpe.

Tout d'un coup la panique augmente. On ne passe
plus que sur l'un des ponts, l'autre a besoin de répara-
tions et l'ennemi s'avance. Sur les hauteurs, à l'extrémité
de la vallée dans laquelle nous sommes en bataille, nous
voyons, redoublant d'intensité à mesure que le jour
baisse, les vives lueurs d'une fusillade à laquelle nous
comptons bientôt prendre notre part; mais les efforts de l'arrière-garde continrent l'ennemi, qui, fatigué lui-même, arrêta son mouvement un peu après la
tombée du jour. Nous gardons cependant notre poste
et nous surveillons le passage des troupes. Puis, vers
minuit, nous traversons nous-mêmes les ponts, qui
avaient fléchi sous la masse énorme qu'ils avaient sup-
portée et qui étaient recouverts de quelques centimètres
d'eau. Quelle nuit! Jusqu'à trois heures et demie du
matin, nous sommes restés l'arme au bras, piétinant
sur place, avançant de quelques pas, puis nous arrêtant
pour laisser passer les malheureux retardataires, blessés pour la plupart, tous hâves, silencieux, exténués,
le désespoir sur le visage et dans le cœur. Un brouillard épais couvrait la prairie que nous traversions et
nous pénétrait; nous mourions de faim, de fatigue
et de froid; pas un mot ne s'échangeait entre nous. Le
désespoir s'était emparé de nos cœurs. Jamais, si
longtemps que je vive, je n'oublierai les souffrances
de cette épouvantable nuit.

Enfin nous nous arrêtons. Je m'enveloppe dans ma
toile de tente où j'avais, toute la nuit, porté de la viande
crue et qui était encore toute dégouttante de sang; je
me jette à terre et je m'assoupis un instant, la tête sur
mon sac. A quatre heures et demie, après un repos
d'une heure passée, auprès du village de Douzy, dans

un champ labouré dont les sillons étaient de vrais ruisseaux, nous reprîmes les armes. Dans la belle et large route qui conduit à Sedan se pressait une véritable trombe. Sur quatre rangs passaient pêle-mêle, tantôt au pas, tantôt au galop, fourgons, canons, caissons, mitrailleuses, prolonges, voitures de toutes sortes, et à chaque véhicule s'accrochait une grappe d'hommes à bout de forces. Et ce torrent allait s'engouffrer dans le fatal entonnoir de Sedan. Le découragement, la consternation paraissaient sur tous les visages. C'était bien une panique. Rien qu'à voir ce spectacle navrant on avait la certitude absolue de la défaite, et bien qu'il y eût une certaine apparence d'ordre, l'abattement était partout. Des bruits alarmants, vrais, exagérés ou faux, circulaient parmi les soldats. Ils disaient l'habileté des généraux ennemis et l'incapacité des nôtres, le nombre effrayant des Allemands, leurs ruses, leur manière lâche, mais sûre de combattre, profitant, pour se cacher, de tous les obstacles, bois, fossés, haies murs, etc.; ils parlaient avec effroi de l'artillerie prussienne, du nombre des pièces, de leur puissance, de leur portée, des terribles effets de leurs projectiles. On voyait des espions partout; tous nos chefs étaient vendus; on avait trouvé des Russes parmi les Prussiens, nous avions donc contre nous les deux plus grandes nations du continent. Que sais-je? bien d'autres choses encore. Le soldat français est ainsi fait. Stimulé par un succès, il s'excite et se grise. Une fois démoralisé, tout est perdu.

Effrayant et lamentable spectacle! On ne voit dans de pareils moments que le côté le plus sombre de la nature humaine. L'homme devient un fauve. Dans ce courant qui passe, malheur à celui qui tombe; il est foulé aux pieds sans pitié et ne se relève plus. S'il est rejeté dans le fossé qui borde la route, c'est que son cadavre gêne la marche et entrave la fuite. Quand le cri fatal de « Trahison! Sauve qui peut! » vient à retentir, l'égoïsme se fait jour dans toute sa brutalité ; chacun ne pense qu'à échapper au danger. Malheur aux faibles! Le fort emploie sa force à briser les obstacles qui l'arrêtent. La raison s'égare. L'effroi se propage comme une traînée de poudre ; le plus vaillant, le cœur le mieux trempé devient lâche ; rien n'est contagieux comme la folie de la peur. Docile alors aux plus funestes impressions, une masse affolée, ce qui peut-être était hier une belle et courageuse armée, fuit en désordre comme le lièvre devant la meute, n'ayant qu'une idée, que dis-je, n'obéissant qu'à un instinct, fuir à tout prix le danger qui la suit.

Déjà l'affolement était tel à Sedan même que, la veille, le bruit s'était répandu tout à coup que les Prussiens tentaient une surprise sur la ville. Ils la savaient mal gardée, disait-on, et ils étaient déjà à l'une des portes qu'on appelle la porte de Paris. On crie aux armes, le tocsin sonne à toute volée, la population se cache. Les soldats qui se trouvent dans la place saisissent leurs fusils et courent aux remparts et à la porte menacée. On ne voit rien, on s'informe et l'on acquiert bientôt la certitude que l'alerte a été donnée par un commandant de place et un capitaine de gendarmerie qui, faisant une reconnaissance en avant de la gare, avaient pris pour les cris des Prussiens en marche les injures bruyantes qu'échangeaient quelques ivrognes en train de se disputer avec fracas sur la route de Donchery. Ils étaient revenus au grand galop, avaient fait lever les ponts derrière eux et communiqué à tous l'effroi qu'ils avaient éprouvé.

Et cependant, malgré ces inquiétudes terribles,

malgré ces alertes, le relâchement dans les habitudes militaires en était venu à un point incroyable. Tandis que nous traversions les vastes prairies qui séparent Remilly de Douzy, le commandant des mobiles de Sedan, qui avait été envoyé en expédition dans ce dernier village, reçut l'ordre de rentrer immédiatement dans la place Il s'en approcha avec son bataillon par le faubourg de Balan et arriva sans difficulté jusqu'à la porte de la ville. Il lui fallut plus d'une demi-heure pour arriver à appeler l'attention des sentinelles et plus d'une heure pour se faire ouvrir les portes. Un détachement ennemi eût pu s'approcher sans risque des remparts, y placer des échelles et s'emparer par un coup de main d'une ville que gardaient des soldats endormis.

Le 31 août, l'Empereur adressa à l'armée une proclamation, la dernière, qui fut reçue avec une complète indifférence ou critiquée avec amertume.

« Soldats, disait-il, les débuts de la guerre n'ayant pas été heureux, j'ai voulu, en faisant abstraction de toute préoccupation personnelle, donner le commandement des armées aux maréchaux que désignait plus particulièrement l'opinion publique.

« Jusqu'ici le succès n'a pas couronné vos efforts ; néanmoins j'apprends que l'armée du maréchal Bazaine s'est refaite sous les murs de Metz, et celle du maréchal de Mac-Mahon n'a été que légèrement entamée hier. Il n'y a donc pas lieu de vous décourager. Nous avons empêché l'ennemi de pénétrer jusqu'à la capitale, et la France entière se lève pour repousser ses envahisseurs.

« Dans ces graves circonstances, l'Impératrice me représentant dignement à Paris, j'ai préféré le rôle de soldat à celui de souverain. Rien ne me coûtera pour sauver notre patrie. Elle renferme encore, Dieu merci, des hommes de cœur, et, s'il y a des lâches, la loi militaire et les mépris publics en feront justice.

« Soldats, soyez dignes de votre ancienne réputation ! Dieu n'abandonnera pas notre pays, pourvu que chacun fasse son devoir. »

Il était trop tard pour parler ainsi. Conseiller à l'armée qui entourait Sedan « de ne pas se décourager », c'était crier à un homme qui se noie et qui se sent perdu, de garder tout son sang-froid, qu'on va tâcher de trouver le moyen d'aller à son secours.

Mais allons retrouver les francs-tireurs, sur la route de Douzy à Sedan.

Au milieu de cet épouvantable désordre, notre bataillon, docile à la voix de ses chefs, intact, composé de gens de cœur, avait encore bonne tournure et bon courage ; aussi sommes-nous désignés pour remplir une mission de confiance qui pouvait présenter les plus graves dangers et qui exigeait de la résolution et du sang-froid. C'était d'éclairer l'armée sur sa droite. Il fallait en effet à tout prix surveiller les abords de la route pour empêcher les Prussiens de nous surprendre dans un pareil moment. Nous partons avec un bataillon de chasseurs de Vincennes et deux de zouaves, et, guidés par un capitaine d'état-major, nous tournons le petit village de Rubécourt et nous entrons dans un bois connu sous le nom de bois Chevalier, à droite de la route. Nous battons un peu la forêt : elle ne renfermait rien de suspect. Au bout d'une bonne heure, nous débouchons du bois et nous arrivons sur un plateau très élevé qui domine Daigny et d'où nous découvrons un magnifique spectacle. Devant nous, à un kilomètre à peu près, des batteries françaises établies sur les collines qui commandent la Meuse ; dans la vallée le fleuve majestueux et calme ; de l'autre côté, sur les coteaux qui nous font face, des batteries prussiennes qui ont engagé un duel avec les nôtres. Nous suivons avec un intérêt extrême les phases du combat, dont l'éloignement ne nous permet du reste de juger qu'assez mal. Tout d'un coup, en face de nous, à côté des batteries allemandes, un régiment de cavalerie prussien, jusque-là dissimulé par un bois, se démasque et part au galop pour descendre à la Meuse. Nos artilleurs l'aperçoivent, pointent rapidement et tirent : le régiment se débande et recule. Quelques petits points noirs, à peine visibles à la distance où nous sommes, restent sur le terrain ; à l'aide d'une lorgnette que nous prête un instant un officier d'artillerie, nous distinguons les hommes et les chevaux atteints par nos boulets.

Après avoir pendant un instant considéré ce triste et émouvant spectacle, nous reprenons notre route. Nous traversons Daigny, où nous pûmes, mon ami et moi, attraper chacun une tartine de raisiné ; nous passons par Fond de Givonne et nous arrivons près de Sedan, sur un point culminant où une batterie d'artillerie était en train de s'établir. La position était magnifique et d'une telle importance que les Prussiens, le lendemain, pensant que les Français s'y étaient fortifiés et s'y défendraient à outrance, hésitaient à l'attaquer ; ils la prirent à revers.

Pendant la halte que nous fîmes sur ce plateau, je descendis avec mon ami à l'entrée de Sedan, au faubourg de Balan et nous retrouvâmes, dans une humble maison de ce faubourg, au n° 119, chez de bons et braves gens dont j'ai le regret d'ignorer le nom, la cordiale hospitalité de notre vieille femme de Semuy.

Nous mangeâmes là une bonne soupe, du pain et du fromage, et nous nous reposâmes environ une heure sur un lit qu'on mit à notre disposition. Nous avons conservé tous les deux le meilleur et le plus affectueux souvenir de la famille qui nous accueillit.

Après cette halte, nous remontons au plateau où nous avions laissé notre bataillon; il venait de le quitter; on nous indique la direction qu'il a prise et nous le rejoignons, en passant au pied du plateau connu sous le nom de Calvaire d'Illy, à la Chapelle où il devait passer la nuit.

.

CHAPITRE V

La Chapelle est un tout petit village situé à deux lieues de la frontière, sur la route qui conduit de Sedan en Belgique. En avant de la Chapelle, le pays est accidenté, coupé de haies, de petits bois et de ravins ; à l'entrée du village s'élève une jolie église toute neuve, au clocher élancé et coquet ; derrière, touchant presque aux dernières maisons, commence une vaste forêt qui couronne les Ardennes et s'étend jusqu'en Belgique.

Nous sommes là en vedette, loin du gros de l'armée, seuls. On nous avait promis, si nous venions à être attaqués, un bataillon de zouaves et un de chasseurs de Vincennes pour renfort.

Le matin, vers quatre heures, des reconnaissances faites par quelques-uns d'entre nous et dont bien peu revinrent, signalèrent l'ennemi de différents côtés.

On fait en hâte demander le renfort promis, mais il ne vient pas.

On répond simplement à l'envoyé : « Les francs-tireurs sont à la Chapelle, qu'ils y restent. »

Nous avons compris : nous devons, quel que soit l'ennemi qui se présente, accepter la lutte et la prolonger le plus longtemps possible. Nous sommes un

peu plus de trois cents : trois compagnies entières et
quelques soldats de plusieurs corps, turcos, zouaves,
chasseurs de Vincennes qui, perdus dans la cohue de
la veille et ne pouvant, dans l'immense désordre qui
régnait, retrouver leurs régiments, se sont rattachés
au premier corps organisé qu'ils ont rencontré ; deux
de nos compagnies, emportées par le torrent, étaient
allées, la veille, se jeter dans Sedan. Elles firent bravement leur devoir ; plusieurs de nos camarades mou-
rurent sur les remparts ; les autres, envoyés en reconnaissance dans la direction de Mézières, dépassèrent
Vrigne-aux-Bois et campèrent entre ce village et Ville-
sur-Lumes. Le jour de la bataille de Sedan, de fortes
colonnes de cavalerie ennemie s'étant montrées près
de Ville-sur-Lumes, les francs-tireurs gagnèrent un
bois qui commande la route et reçurent à coups de
fusil un escadron de hussards prussiens qui se retira, mais un fort détachement de uhlans pénétra d'un
autre côté dans le village et y mit le feu.

Mon ami et moi, nous étions descendus vers quatre
heures et demie, transis de froid, d'une grange où
nous avions passé une nuit sans sommeil. Déjà l'action était engagée autour de Sedan. On entendait à
peu de distance, et augmentant d'intensité à mesure
que le jour avançait, le bruit sinistre des batailles, le
grondement du canon, le roulement des mitrailleuses,
le pétillement de la fusillade.

Tout nous annonçait que le destin de la France se
jouait en ce moment, et, malgré nos funestes pressentiments, la confiance était si vivace en nous que nous
voulions encore croire à un succès.

Les paysans dans le grenier desquels nous avons
passé la nuit prennent peur en entendant cet effroyable vacarme et se décident à fuir. Ils commencent à la

UHLANS FAISANT UNE RÉQUISITION DANS UNE FERME.

hâte leur déménagement. On attelle le chariot à foin
et on y on entasse pêle-mêle quelques-uns des
meubles de la pauvre demeure. On prend les deux co-
chons par la tête et par la queue et, malgré leurs cris,
on les jette, l'un après l'autre, dans la voiture, on attache la vache à l'arrière; puis, cela fait, on vient
chercher la vieille mère pour l'emmener. Elle était à
demi-morte. Assise ou plutôt affaissée sur elle-même,
au coin de la vaste cheminée, elle récitait en tremblant
toutes les prières qu'elle connaissait, et se cachait la
tête dans son tablier. Au moment de partir cependant,
elle sortit un peu de sa stupeur et s'aperçut qu'on n'a-
vait pas chargé sur la voiture deux vieilles chaises au
dossier large et haut qu'elle avait dans sa chaumière
depuis son mariage. Les larmes aux yeux, elle supplia
son fils de les emporter. Elle tenait à ces vieux
meubles, témoins de sa vie entière, de ses douleurs et
de ses joies; elle s'y était assise pour allaiter ses enfants et bercer ses petits-fils; elle s'y était assise pour
veiller ceux qu'elle avait perdus, ses parents, son mari,
son fils aîné. Il lui semblait qu'en les laissant, elle
laissait en arrière une partie d'elle-même.

Mais elle supplia vainement; il fallait partir et sans
retard; le danger approchait. On l'entraîne, on la
place sur la voiture, nous lui disons adieu et le chariot prend lentement la route de Belgique. En voyant
ces malheureux s'éloigner et prendre le chemin de
l'exil, les admirables vers d'Hermann et Dorothée, où
Gœthe dépeint, chargé de si sombres couleurs, un tableau pareil, me revinrent en mémoire. Je me rappelais la magnifique description du poète dont je pouvais, hélas! vérifier l'exactitude; je me rappelais les
paroles qui commencent cet émouvant récit. « Après
tout ce dont j'ai été témoin aujourd'hui, la joie n'en-

trera pas de sitôt dans mon cœur. » Je me rappelais aussi les vers patriotiques qui finissent cet ouvrage et qui ont contribué à jeter dans l'esprit des Allemands cette haine du nom français dont nous avons, après soixante ans, pu voir les terribles effets. Nous aussi, je l'espère, nous saurons nous souvenir; mes fils du moins le sauront.

À peine la voiture avait-elle disparu au tournant de la route, que nous voyons revenir un de nos camarades, un caporal aux traits accentués, à la figure énergique. Je ne saurais rendre l'impression qu'il fit sur moi; le malheureux avait eu, dans une reconnaissance, la poitrine traversée de part en part par une balle. Le sang ruisselait sur sa poitrine et sur son dos. Malgré cette terrible blessure, il marchait ferme et droit, légèrement appuyé sur l'épaule de deux camarades. En passant près de mon ami et près de moi : « Attention, nous dit-il, les voilà. » Je le regardais passer avec respect, admirant en silence sa noble attitude, son patriotisme et son courage. C'était certes là un bel exemple pour des conscrits. Allons, pensai-je, tout n'est pas perdu. Il y a encore en France des hommes qui savent mourir debout.

Pour que la cavalerie ennemie ne puisse venir nous sabrer à l'improviste pendant que nous serons occupés avec l'infanterie, on traîne rapidement à chacune des deux extrémités du village une grande charrette remplie de fagots que l'on met en travers de la route et qui barre le passage; puis, cela fait, nous descendons auprès de l'église, du côté où les Prussiens arrivent.

À peine sommes-nous installés, non pas protégés, mais un peu dissimulés par une petite haie et quelques fagots, que l'ennemi commence son mouvement

devant nous. Un régiment d'infanterie, puis un de cavalerie apparaissent, et se déploient tranquillement
à 5 ou 600 mètres de nous. Ils s'avançaient entre
notre armée et nous avec un tel calme que, ne soup-
çonnant pas que l'armée française pût laisser, sans résistance, occuper ces positions, nous voulions absolument nous persuader que nous avions devant nous
des forces françaises. Au bout d'un instant, cependant,
une batterie vint prendre position dans un bouquet de
bois. Son feu se dirige vers Sedan. Cela commence à
nous troubler. « Ce sont les Allemands. Non,.. si,... »
— « Ce sont nos batteries. Mais non..., mais si... »
Nous perdons dans l'indécision un long moment qui
aurait pu nous être bien profitable. A ma gauche, se
trouve un turco qui enrage. Il avait été à Wissembourg
et à Wœrth. « Ce sont les Allemands, crie-t-il ; jamais
les Français ne se cachent dans les bois comme les
chacals. » Entre le turco et moi, pâle, silencieux, serrant de ses mains crispées un chassepot admirablement fourbi, un chasseur de Vincennes dévore les régiments des yeux pour tâcher de résoudre le problème
et grommelle par intervalles : « Si ce sont des Prussiens pourtant, comme on les démolirait ! — C'est la
bonne portée pour le chassepot. — A coup sûr, quoi !
— Est-il possible d'être commandé comme ça ! »

Il y avait du vrai dans le reproche. Le commandant,
brave comme un lion, était à cheval à côté de nous. Il
se creusait la tête et se mettait l'esprit à la torture
pour découvrir quelles troupes il avait en face de lui.
Par malheur, ni lui ni ses officiers n'avaient de lor-
gnettes. Mon ami avait emporté une excellente lunette
d'approche. Un jour un officier la lui avait empruntée,
l'avait gaiement passée en sautoir et la lui avait rendue
le soir cassée, hors d'usage. Un autre de nos cama-

rades, jeune peintre de mérite et de cœur, en avait une, mais il était entré à Sedan, où il se fit tuer aux remparts. C'étaient les seules que j'eusse vues dans le bataillon.

Les Allemands nous ont aperçus depuis longtemps, mais, méprisant notre petit nombre, ils ne se donnent pas la peine de s'occuper de nous. Au moment cependant d'accentuer leur marche en avant, ils veulent savoir au juste à quoi s'en tenir sur notre compte, et un peloton de cuirassiers s'avance au petit pas pour nous reconnaître et s'informer si nous étions disposés à nous rendre. Ils sont à deux cents mètres et nos discussions continuent toujours.

Le turco se démène et crie de plus en plus fort : « Ce sont des cuirassiers blancs, je les ai vus à Reichshoffen. » — « Silence ! disait le commandant, ne tirez pas, ne vous exposez pas à tirer sur vos frères. » Fatigué de cette incertitude, un des nôtres se lève, met la crosse de son fusil en l'air et s'avance vers le peloton. De très loin on lui tire un coup de pistolet et il revient. Nous n'étions pas plus avancés.

Alors un capitaine fait cinquante pas en avant, et, d'une voix ferme et nette : « Êtes-vous Allemands ou Français ? » Nous entendons distinctement la réponse : « Deutsch. » C'était bien en effet à des Allemands que nous avions affaire. Nous avions en face de nous la droite de la première division de la garde prussienne qui, venue de Pouru-aux-Bois, se dirigeait vers Givonne, tandis que la seconde division, partie de Pouru-Saint-Rémy, marchait sur Daigny. Arrivée au bois Chevalier, situé à moitié chemin entre la Chapelle et Bazeilles, la garde trouva les chemins du bois en mauvais état, et la première division obliqua de notre côté sur sa gauche pour passer par Villers-Cernay et y établir son artillerie. Ses batteries venaient prendre position les unes le long de la lisière orientale du Bois Chevalier, les autres derrière un rideau d'arbres qui fait saillie au nord du bois. C'étaient ces dernières que nous voyions. Les unes et les autres dirigeaient leur feu sur les troupes placées vers le bois de la Garenne, entre le Calvaire d'Illy et Sedan.

Nous savions enfin à quoi nous en tenir, et nous saluons par une décharge générale la réponse des Allemands.

Le gant était jeté. Trois compagnies venaient de défier au combat une division entière, appuyée par une artillerie formidable. Les Prussiens acceptèrent. Les cuirassiers tournent bride, enlèvent leurs chevaux et courent prévenir la batterie ennemie. Celle-ci se détourne, se met en position de manière à pouvoir enfiler la rue du village et commence à l'inonder de boîtes à balles, tandis que les obus pleuvent sur l'église et les maisons.

J'ai là une excellente occasion d'admirer la précision du tir prussien. Le premier obus tombe sur la route, au pied d'un arbre, à vingt mètres environ en avant du village, le deuxième juste dans la première maison. Presque toutes les habitations sont visitées les unes après les autres, et ravagées par ces hôtes incommodes. L'un d'eux vient s'enfoncer à trois pas de moi dans un trou à fumier; fort heureusement, la résistance qu'il rencontre n'est pas suffisante; il pénètre profondément et n'éclate pas. « C'est de la chance, dit un camarade qui se penche pour regarder le trou, deux pouces de plus et nous y étions. » En effet, le projectile était tombé à quelques centimètres seulement du petit mur qui entourait la fosse.

Je jette en ce moment un rapide regard autour de

moi. Tous ces vieux troupiers sont superbes, la fièvre du combat les a saisis. Calmes en apparence, mais pleins d'une activité fébrile, l'œil enflammé, les narines largement ouvertes, les lèvres serrées, ils chargent, épaulent, tirent, sans perdre une seconde, et n'ouvrent la bouche que pour lancer quelque brocard soldatesque qui n'est pas sans doute d'un goût très délicat, mais qui, sans les détourner de leur affaire, entretient leur gaieté et leur courage.

Un peu en avant de nous, je vois deux petites chèvres blanches attachées au même piquet ; le mouvement insolite qui se faisait autour d'elles et le bruit lointain du canon les avaient bien un peu effarouchées, mais, au moment où la lutte s'est engagée près d'elles, elles ont été prises d'une terreur folle dont rien ne peut donner une idée et je les vois se livrer à des gambades et à des bonds prodigieux pour briser leurs liens, sans pouvoir y parvenir. Je ne vous dirai pas ce qu'elles sont devenues, nous avions d'autres préoccupations, et mon attention ne s'arrêta pas longtemps sur les pauvres bêtes ni sur mes voisins. Un coup d'œil m'avait suffi pour voir tout cela et je revins bien vite aux Prussiens.

La situation devenait grave. Secondée par l'artillerie, l'infanterie prussienne s'ébranle et se rapproche de nous. Je dois avouer que j'ai éprouvé en ce moment un profond sentiment d'admiration pour la discipline prussienne. Sous un feu meurtrier, le régiment s'avance lentement, régulièrement, comme à la parade, tirant au commandement, serrant les rangs avec précision quand nos balles y font des vides.

A 150 mètres environ du village le régiment s'arrête. Les deux premiers rangs se jettent ventre à terre. Ils tiraient à volonté, lentement, presque

à coup sûr, visant toujours avec soin. Le reste du
régiment se contente de faire un feu extrêmement
vif sans tenter d'approcher; les soldats n'épaulaient
pas et tiraient trop haut heureusement. Nous ne
comprenions pas leur inaction. Dans une position
semblable des Français se seraient rués, baïonnette
en avant, sur le village ; les Allemands attendaient,
calmes, impassibles, immobiles, et cependant notre
feu plongeant et assuré les décimait avec une régula-
rité effrayante.

Nous avons bientôt la clef de l'énigme. Un second
régiment, masqué par un petit bois, s'avançait surno-
tre extrême gauche, opérant un mouvement pour nous
tourner et nous mettre dans un sac. Nous étions déjà
pris de trois côtés dans une sorte de fer à cheval; si le
mouvement réussissait, nous étions perdus. Je sentis,
je dois l'avouer, un frisson me passer dans le dos. Les
Prussiens, à ce moment, ne reconnaissaient pas les
francs-tireurs comme belligérants; autant de pris, autant de fusillés. La mort dans le combat, très bien : j'étais
fait à cette idée, elle ne m'effrayait pas; mais être tué
après le combat, tué de sang-froid comme un criminel
qu'on exécute, sans vengeance, sans lutte ! cela me paraissait épouvantable.

Si grande cependant est encore la confiance d'un certain nombre d'entre nous qu'en apercevant ce régiment le doute s'élève dans quelques cœurs. On s'écrie
autour de moi : « Des chasseurs de Vincennes; il faut
nous faire reconnaître. » C'était facile à dire, mais à
faire? Nous n'avions pas de drapeau. Le soldat français
heureusement ne s'embarrasse pas pour si peu et, dans
cette circonstance, les plus grands débrouillards du
monde ne faillirent pas à leur réputation. En moins
de temps qu'il n'en faut pour le dire, sous un feu d'en-

fer, au milieu de plaisanteries incessantes, on improvise ce drapeau qui doit mettre immédiatement un terme à une erreur fatale et faire cesser en même temps les effroyables décharges de boîte à balles que nous envoie l'artillerie et le feu d'infanterie qui nous décime. Une ceinture rouge, un mouchoir, une cravate bleue font l'affaire. En un tour de main, avec la lucidité d'esprit et le sang-froid que le vieux soldat conserve sous le feu, on les attache ensemble au bout d'une gaule. Nous avons un drapeau. Un brave saisit l'étendard tricolore, grimpe dans la plus haute maison du village, mairie et école à la fois, où était installée notre ambulance et se met à agiter de toutes ses forces le drapeau improvisé.

Vous dire l'effroyable grêle de projectiles qui nous arriva à ce moment serait impossible. Les Prussiens avaient pris notre démonstration pour une bravade, pour un acte insensé de désespoir et d'audace. Les couleurs nationales déployées par une poignée d'hommes réduits déjà de moitié en face d'une division entière leur semblent une sanglante insulte. Ils attendaient le drapeau parlementaire; exaspérés par le drapeau tricolore, comme le taureau par les bandelettes rouges, ils reprennent ou plutôt continuent leur feu avec une fureur et une intensité inouïes.

Mais si ce drapeau improvisé avait doublé l'ardeur de l'attaque, il centupla l'énergie de la défense. Oui ces trois lambeaux d'étoffe réunis et flottant au-dessus de nos têtes au bout d'un bâton firent sur nous un prodigieux effet. Ils surexcitèrent en nous le sentiment de l'honneur et du devoir; ils nous rappelèrent notre responsabilité, la sainte mission à laquelle nous nous étions dévoués. Oui, dans ce moment, si l'on avait demandé à tous ceux qui survivaient encore le sacrifice de leurs vies pour défendre ce drapeau, pas un n'eût hésité; non pas un, je le jure en mon nom, je le jure au nom de mes camarades. Quant à moi, j'aurais combattu jusqu'au dernier soupir. Resté seul, je me serais enveloppé de ces haillons aux trois couleurs françaises et je serais tombé joyeux dans leurs plis sacrés comme dans le linceul le plus magnifique que puisse rêver un soldat.

Ah! c'est que le drapeau, ce n'est pas un morceau d'étoffe qu'on puisse, surtout en un jour de bataille, regarder d'un œil froid. Le drapeau, pour tout homme de cœur, c'est la patrie, notre chère France, c'est son honneur militaire avec son glorieux passé, c'est le sol sacré de la patrie, notre village, le foyer paternel; ce sont nos mères, nos fiancées, nos sœurs. Oui, le drapeau est le symbole de tout ce que nous aimons. Tout cela passe confusément dans l'esprit du soldat qui regarde son drapeau et vient ranimer son courage et le disposer au sacrifice. Malheur à l'homme qui ne comprendrait pas ces nobles sentiments! Malheur au peuple chez lequel périrait l'amour du drapeau national! Le jour où un peuple en arriverait là, sa décadence serait certaine et sa ruine imminente.

Le combat continua donc. Officiers et soldats, chacun faisait le coup de feu avec fureur. Cependant le régiment qui voulait nous tourner exécutait son mouvement et bientôt il parvint à l'extrémité du village. Notre capitaine [1] avait parié, juré d'abattre le premier homme qui y mettrait le pied. Il tint son serment

1. Le capitaine Guillaume. C'est un homme, de cœur, d'une énergie indomptable, et qui s'est admirablement conduit pendant toute la campagne. Il ne voulut jamais entrer en Belgique avec nous, et gagna Mézières par des chemins détournés, avec quelques hommes. Poursuivi par les Prussiens dans cette retraite, il reçut une balle dans

et gagna son pari. Lorsqu'un uniforme prussien apparut au-dessus de la barricade qui fermait la route, un coup de feu retentit, l'homme tomba. Le capitaine alors, un grand diable sec, à la figure noire de poudre, fit un moulinet avec son chassepot et s'écria, je le vois, je l'entends encore : « Il y est, il y est, hein ! qu'est-ce que j'avais dit. Allons, les enfants, tirez, tirez ; » et il se mit à recharger.

Mais le commandant, voyant un régiment ennemi pénétrer dans le village et deux autres qui se disposaient à y entrer aussi, jugea le moment venu de faire cesser une lutte désormais inutile. Nous avions combattu jusqu'à la dernière extrémité. Il voit qu'il ne doit pas nous laisser prendre et livrer à une mort certaine des hommes qui, s'il le jugeait nécessaire, se feraient tous sans exception hacher sur place. Il fait sonner la retraite.

L'instant d'après nous sommes autour de lui.

Un danger nous attend encore. Il faut franchir l'espace qui sépare le village de la forêt. C'était un champ large seulement d'une centaine de mètres, mais à découvert et en plein sous le feu prussien. Nous reprenons haleine un instant, puis, courbés en deux, le fusil à la main, nous nous élançons au pas de course. Les balles sifflent à nos côtés ; l'une d'elles atteint auprès de moi un jeune Polonais et lui traverse la bouche. Il fait entendre un cri étouffé et chancelle. « On ne peut pas laisser le camarade là, » s'écrie un vieux zouave, et il le prend par un bras ; un autre le

---

e gras de la jambe. Un peu plus tard il fut envoyé en Normandie et fit campagne dans la basse Seine. Il eut le bras gauche emporté près de Gaillon. À peine remis, il reprit encore du service et fut dirigé sur Toulouse, où on lui confia d'importantes fonctions et où il reçut le grade, si dignement mérité, d'officier de la Légion d'honneur.

saisit d'un autre côté; ils le soutiennent et l'entraînent un instant, mais il s'alourdissait, un caillot de sang noir se formait sur ses lèvres; au bout de vingt pas il tombe. « C'est un homme mort, dit le zouave, filons, » et nous reprenons notre course. Nous atteignons heureusement la lisière de la forêt et nous nous dissimulons derrière des troncs d'arbres et quelques arbustes, attendant ceux des camarades qui, barricadés dans les maisons, les disputaient encore une à une à l'ennemi et dont quelques-uns parvenaient à s'échapper par les jardins et à nous rejoindre.

Enfin le bruit de la fusillade s'éteignit, les Prussiens étaient maîtres du village. Aucun des nôtres n'arrivant plus, nous nous comptâmes : nous étions quatre-vingt-sept. Ce fut alors pour la première fois que j'eus peur en regardant autour de moi et en voyant combien il en manquait à l'appel; heureusement mon ami était là; nous nous embrassons en songeant aux vieux parents et en bénissant Dieu. Deux ou trois camarades, auxquels je montre mon képi traversé par une balle, me serrent la main.

Je l'avais échappé belle. Le projectile avait passé à quelques millimètres au-dessus de ma tête ; mais, hélas! il n'avait pas été perdu. Il avait frappé l'un de nous.

C'était un tout jeune homme, dont je crois revoir la figure imberbe et timide. Me voyant agenouillé au premier rang, il s'était placé derrière moi et sa tête s'élevait un peu au-dessus de la mienne. Après avoir traversé mon képi, la balle le frappa au milieu du front. Il se redressa comme un ressort qui se détend, puis il retomba; il était mort.

Cependant il est temps de partir. Les chefs tiennent conseil. Ignorant la tournure que prenait à cette heure la fatale bataille de Sedan, ils désiraient regagner Mézières et rejoindre l'armée, qui devait, pensaient-ils, opérer un mouvement de retraite sur cette ville. Un paysan de la Chapelle leur propose de nous y conduire par les bois. Son offre est acceptée. Il était environ neuf heures du matin; le temps était superbe, le soleil radieux. Nous nous mettons en marche. Nous suivons de petits sentiers, à peine frayés, parfois même nous entrons sous bois dans les futaies de cette magnifique forêt. Nous marchions en file indienne, le fusil chargé sur l'épaule, silencieux, le cœur serré, l'âme émue, écoutant avec tristesse l'effroyable concert que faisaient sur notre gauche le grondement sourd du canon, le grincement sinistre et saccadé de la mitrailleuse et le pétillement des feux d'infanterie. Au bout d'une heure, nous arrivons sur la lisière de la forêt, près d'une batterie que nous entendions tonner avec rage et que nous croyions française. Les Français, nous le savions, étaient là le matin. Cependant, par excès de prudence, au moment de déboucher du bois, deux hommes sont envoyés pour reconnaître. Ils reviennent en courant. La batterie était prussienne et des forces ennemies considérables étaient là à deux pas de nous. Nous rentrons sous bois pour faire un nouveau détour. Au bout d'un instant nous nous engageons dans une ravissante vallée pleine de fraîcheur, d'ombre et de paix. Au fond un joli ruisseau coulait sur un lit de cailloux que les arbres de la forêt recouvraient d'un berceau de verdure; quelques rochers, arrêtant son cours, lui faisaient, de temps en temps, faire de charmantes petites cascades. La délicieuse vallée! Je me rappelai mes voyages en Suisse. Étrange rapprochement! J'y étais en 1866 et ce fut dans la riante et belle vallée de l'Aar que j'appris Sadowa

Il y avait à peine un moment que nous revenions sur nos pas quand nous rencontrâmes un sous-officier qui nous demanda quelques paquets de cartouches, que nous lui donnâmes. C'était un vieux sergent. Sur sa poitrine brillaient de nombreuses médailles. Sa belle figure bronzée, la coupe de sa barbe et de ses cheveux grisonnants, son attitude martiale, tout annonçait un vétéran blanchi sous le harnais.

« Que voulez-vous faire? lui demanda un de nos chefs, l'ennemi est près d'ici; vous ne pouvez rejoindre de ce côté aucune troupe française, la bataille est perdue, restez avec nous. Où voulez-vous aller? »

Le vieux sergent se redressa, promena lentement sur nous ses regards perçants et après un instant de silence : « Je vais me faire tuer, » dit-il en jetant son fusil sur son épaule.

Le ton dont ces mots furent dits n'admettait pas de réplique. On sentait là une détermination inflexible. Nul ne le suivit, mais nos rangs s'ouvrirent; chacun se découvrit et s'écarta avec respect pour laisser passer ce héros ignoré qui allait mourir.

Certes, bien des défaillances, disons le mot, bien des lâchetés, ont attristé nos cœurs dans cette funeste guerre de 1870, mais aussi que de traits d'héroïsme sont restés dans l'ombre, oubliés ou inconnus. Salut à vous ! soldat généreux, qui n'avez pas voulu survivre au désastre de la patrie, bon et fidèle serviteur qui êtes mort en combattant pour elle. Que je voudrais savoir le nom de cet homme et pouvoir le faire connaître à la France entière. Il est digne de passer à la postérité.

En remontant le cours du ruisseau, nous rencontrons des soldats atteints par le feu qui viennent y laver leurs blessures et y étancher leur soif; l'un d'eux a la jambe traversée par une balle; l'autre (c'est un

artilleur) le haut de la cuisse enlevé par un éclat d'o-
bus. Un peu plus loin nous apercevons un paysan.
Nous l'appelons, et, sur nos vives instances, sur l'as-
surance maintes fois répétée qu'il n'y a pas de danger,
il se décide à aller chercher ces malheureux dans sa
charrette bien garnie de paille et à les transporter en
Belgique. C'est tout ce que nous pouvions faire pour
eux.

Notre médecin et notre ambulance étaient restés à
la Chapelle, où les Prussiens, entre parenthèses, ne
permirent pas que l'on s'occupât de nos blessés avant
que le pansement de tous les Allemands frappés par
nos balles eût été entièrement achevé. Cette opération dura près de trois heures et demie et fut faite en
grande partie par notre médecin et nos ambulances,
et avec nos médicaments, tandis qu'à deux pas, des
Français mouraient faute de soins! Il est vrai que ces
Français étaient des francs-tireurs et que les Allemands, s'il faut les en croire et d'après leurs principes
sur la manière de faire la guerre, eussent été en conscience obligés de les achever, bien loin de les laisser
mourir des suites de leurs blessures, tout franc-tireur
devant être abattu sans jugement. Il faudrait être de
bien mauvaise foi pour ne pas avouer qu'en somme
les Allemands se sont montrés, dans cette circonstance,
bien compatissants et bien humains en ne fusillant
que ceux d'entre nous qu'ils avaient pris les armes à
la main, sans blessures, et en permettant, quatre
heures après le combat, que l'on pansât les autres.

Près de la frontière nous rencontrons quelques paysans. Mon ami déchire une feuille de son carnet, met
dans une enveloppe à l'adresse de sa mère les mots
suivants écrits au crayon : « A. et moi sommes saufs.
1er septembre, au soir, » et il donne le tout à l'un de

MÉZIÈRES

ces paysans pour le porter à la poste en Belgique. Pour être courtes, ces lettres-là n'en font pas moins plaisir.

Après avoir longtemps marché, nous rejoignons enfin la route que nous voulions suivre pour gagner Mézières; elle était coupée. Une ambulance française, que nous rencontrons, nous avertit que l'ennemi est à deux cents mètres de nous et que des patrouilles de uhlans et de cuirassiers allemands parcourent toutes les avenues de la forêt en faisant prisonniers, ou en sabrant, les soldats isolés ou peu nombreux qu'ils rencontrent. Nous rentrons de nouveau dans les taillis, et, jusqu'à ce que le jour tombe, c'est-à-dire jusqu'à neuf heures du soir, sans manger, sans boire, le corps brisé et l'âme remplie de pensées désolantes, nous restons sur le territoire français. De temps en temps, quelques fuyards nous rejoignent; ils nous donnent de vagues renseignements qui font pressentir un immense désastre et qui jettent parmi nous la terreur, une terreur folle. En ce moment, chose étrange, bizarre, contradiction de la nature humaine, ces hommes tout à l'heure si braves, ces lions qui avaient vu, sans 'émouvoir, les deux tiers d'entre eux tomber sous la mitraille ou sous les balles, qui seraient tous morts sans reculer d'un pouce, s'enfuyaient à la moindre alerte.

La fièvre du combat était tombée; l'instinct de la conservation reprenait le dessus. Ils étaient troublés à la voix de l'ennemi; ils voyaient leur perte prochaine et personne qui pût les secourir; la crainte de la mort s'était abattue sur eux. Un de nos camarades, ayant fait partir par mégarde son fusil qu'il portait tout chargé sur l'épaule, je vis le moment où il allait être écharpé. Il voulait nuos mettre les Allemands sur les bras : c'était un espion chargé de nous conduire dans un traquenard. Le pauvre diable en fut quitte heureusement pour quelques horions sans gravité et nous eûmes le bonheur de ne pas être poursuivis.

Enfin, le soir, tombant de fatigue et d'inanition, nous entrons en Belgique et nous déposons nos munitions et nos armes entre les mains du bourgmestre du petit village de Corbion.

Nous sommes reçus avec des témoignages de sympathie profonde. On nous distribue du pain et du fromage et on nous conduit dans l'école, où nous nous disposons à passer la nuit les uns sur les autres. A onze heures on nous réveille. Les Prussiens ont fait dire qu'ils voulaient bien ne pas nous réclamer, mais qu'ils voyaient un danger dans la présence, si rapprochée des frontières, d'un aussi grand nombre de soldats français; si, le lendemain, au point du jour, nous sommes encore à Corbion, ils brûleront le village. La menace était un peu forte: il est à croire qu'ils ne l'auraient pas mise à exécution; mais pour ne causer aucun désagrément aux braves paysans qui nous avaient si bien accueillis, nous nous remettons en marche, et, sous la conduite de deux soldats belges, nous partons pour Bouillon, petite ville où se trouve un antique château fort ayant appartenu à la célèbre famille de ce nom. Le temps était doux, la nuit noire, de gros nuages gris couraient dans le ciel. Nous avions trois grandes lieues à faire par d'horribles sentiers de montagnes, taillés parfois dans le roc et semés presque partout de pierres qui roulaient et blessaient nos pieds endoloris. Nous traversions par moments un bout de prairie. C'était plaisir alors de marcher sur le gazon. Mon pauvre ami avait la peau du pied droit enlevée par la marche : tout le talon était à vif; chaque pas lui causait une cuisante souffrance. J'étais en ce moment le plus vaillant des deux, je le soutenais de mon mieux et j'essayais de le distraire, mais lui faire oublier son mal n'était pas chose facile.

Enfin, au tournant d'une montagne, nous voyons brusquement se découper sur le ciel la silhouette de la sombre forteresse où nous allions être enfermés. Nous arrivons à Bouillon. Le bourgmestre, prévenu, se lève en hâte, nous fait donner à chacun un petit verre d'une eau-de-vie de marc dont je ne pus avaler une gorgée, puis nous nous rendons au château.

Nous passons le pont-levis, toujours abaissé et même, si je ne me trompe, actuellement converti en pont fixe ; mais nous trouvons la poterne fermée. Le bourgmestre soulève le lourd marteau et fait retentir la porte bardée de fer. On n'ouvre pas. Le gardien, couché dans un petit bâtiment éloigné, n'a pas entendu. Il frappe de nouveau. Les soldats belges heurtent aussi avec la crosse de leurs fusils, même silence. Alors le bourgmestre envoie à l'hôtel de ville chercher les grosses clefs ; elles sont rouillées ; depuis 1853, on ne s'en était pas servi ; on n'entre jamais qu'en compagnie du gardien. De guerre lasse on va chercher un serrurier. Pendant ce temps-là, trois bons quarts d'heure au moins, assis sur le parapet du pont des fossés, nous pensions à ceux que nous avions perdus, à nos parents, à nos amis, aux malheurs de la patrie. Certes nous n'avions jamais rêvé d'aller à Berlin, mais nous avions pensé du moins que notre sacrifice serait utile, et nous nous trouvions désarmés, vaincus, épuisés, à la porte d'une prison, et cela au soir d'un immense désastre.

Le serrurier arrive. On réussit à ouvrir la porte ; on réveille le gardien, et à trois heures et demie nous étendons nos membres fatigués sur le plancher pou-

dreux et couvert de toiles d'araignées de quelques
vieilles salles.

Malgré ma fatigue, je ne pus dormir. Le lendemain,
j'écrivis quelques mots à mes parents pour les rassurer.
Des dames de la ville obtinrent l'autorisation d'entrer
dans le château où nous étions renfermés. Elles nous
donnèrent du papier et des plumes, écrivirent pour ceux
d'entre nous qui ne savaient pas le faire et montrèrent
une bonté, un dévouement rares. C'est à peine si je pus
donner de mes nouvelles à ma famille. J'étais dans un
tel état de prostration par suite de toutes ces fatigues,
du défaut de nourriture et de la privation de sommeil,
que je passai quarante-huit heures dans un état de torpeur et d'hébètement. Le sommeil me revint heureusement et, la nourriture aidant, je me remis.

Pendant notre séjour à Bouillon, nous fûmes rejoints
par des soldats de toutes armes et une vingtaine de nos
camarades qui, égarés après le combat, s'étaient réunis
et étaient parvenus à passer en Belgique.

Au moment où ils franchissaient la frontière, un chef
d'escadron des hussards de la reine qui les poursuivait
arrivait au galop avec ses hommes. Il réclame avec
arrogance ces francs-tireurs comme ses prisonniers.
L'officier belge auquel ils étaient en train de rendre les
armes s'approche de l'Allemand et lui fait remarquer
que « ses prisonniers » sont sur le territoire belge,
qu'ils ont déposé les armes et que, par conséquent, les
Prussiens n'ont aucun droit sur eux. Le cavalier prussien s'arrête, tire sa carte, vérifie avec une grande précision et une suprème impertinence si réellement la
frontière est franchie, et, la constatation faite, se dispose à partir. « Je m'estimerais heureux, monsieur,
lui dit avec courtoisie l'officier belge, si je pouvais vous
être utile en quelque chose. » Le Prussien salue sans

mot dire, tourne bride, fait quelques pas et revient. « J'accepte, » dit-il, et il tire sa carte. « Veuillez envoyer une dépêche à ma femme pour lui dire que la bataille est gagnée, finie, et que je n'ai pas une égratignure. Il s'appelait Von der Greuben. Faisant alors signe à ses hommes, il rentre avec eux sur le territoire français. Il y avait à peine fait vingt pas qu'un coup de feu retentit. M. Von der Greuben tomba. Un franc-tireur, resté en arrière et caché dans le bois, venait de « *descendre* » le bel officier d'une balle en plein cœur.

La dépêche ne partit pas.

CHAPITRE VI

Pendant notre séjour à Bouillon, nous eûmes, par
nos camarades et par les soldats de toutes armes qui
ne cessaient d'arriver de divers points de la frontière,
des nouvelles circonstanciées du désastre de Sedan, le
plus grand qui eût jamais été éprouvé par une armée
française, événement d'ailleurs sans précédent dans
l'histoire et dont le funèbre éclat fait pâlir les combats
les plus fameux et les capitulations les plus vantées.

Nous croyons nécessaire de donner au lecteur un
récit succinct de cette fatale journée.

Dans la nuit du 30 et dans la matinée du 31 août,
nous l'avons déjà dit, tous les corps français passaient sur la rive droite de la Meuse, au milieu
d'ordres contradictoires, qui amenaient des arrêts
subits et des contremarches, produisant, dans les
ténèbres de la nuit, une confusion indescriptible.
Le 31, pendant que nous nous rendions de Douzy au

faubourg de Balan, les Allemands manœuvraient pour
envelopper Sedan et refouler l'armée française dans
cette malheureuse ville.

Une partie de l'armée allemande traversa la Meuse
vers Létanne, en avant de Mouzon, afin de barrer les
routes de l'est jusqu'aux frontières. La garde s'établit
sur la rive droite et s'étendit jusqu'à Sachy, village
voisin de la Belgique. Les Allemands restés sur la rive
gauche se rapprochèrent de la Meuse et s'emparèrent
du pont de Donchery.

Il n'y eut ce jour-là d'autre affaire que des engagements d'artillerie et un combat assez vif à Bazeilles
pour la possession du pont sur la Meuse. Ce pont finit
par rester au pouvoir des Prussiens après une tentative
assez molle des Français pour le faire sauter.

Le 1er corps bavarois, qui devait prendre position
entre Bazeilles et Balan, s'approchait de Bazeilles sans
savoir que le village était occupé par le 12e corps français qui s'était établi pendant la nuit à Balan, Bazeilles,
la Moncelle et la Plotinerie.

A la vue des Allemands, un détachement d'infanterie française descendit à la Meuse avec des tonneaux
de poudre que des hommes placèrent sur le tablier du
pont. Tandis qu'ils se préparaient à les descendre sous
les arches, les Allemands lancèrent une compagnie de
chasseurs qui dispersa les travailleurs, jeta la poudre
à l'eau, traversa le pont et se disposa en tirailleurs le
long des berges de la rive droite. Quelques troupes
les suivirent et enlevèrent une partie de Bazeilles;
mais le général de Tann, ne jugeant pas à propos d'engager une action sérieuse, ne leur envoya aucun renfort. Abandonnées à elles-mêmes, elles se décidèrent
à la retraite et l'exécutèrent heureusement, tandis que
leur artillerie couvrait le village d'obus. A la nuit, le

SEDAN.

feu s'éteignit, et les Français, arrêtant leur mouvement en arrière, réoccupèrent Bazeilles.

Le 1er septembre au matin, l'armée française était cantonnée tout entière auprès de Sedan dans de fortes positions limitées par la Meuse, la Givonne et le Floing.

La Meuse, qui coule du sud-est au nord-ouest en formant de nombreux méandres, reçoit, avant d'arriver à Sedan, la Chiers et la Givonne. Bazeilles et Balan sont sur la rive droite. Au sortir de Sedan elle infléchit vers le nord, puis, après avoir parcouru environ trois kilomètres, elle revient brusquement vers le sud en formant la presqu'île d'Iges que ferme un canal partant de Glaire et allant aboutir auprès de Donchery.

La Givonne, beau ruisseau qui coule du nord au sud, longe la forêt des Ardennes, traverse Givonne, Daigny, la Moncelle, Bazeilles et rejoint la Meuse auprès de ce dernier village.

Le Floing court du nord-est au sud-ouest. Il passe au pied du calvaire d'Illy, traverse Floing et se jette dans la Meuse en face de Glaire, un peu en aval du village.

Sedan est situé sur les bords de la Meuse, sur la rive droite, à 15 kilomètres à l'est de Mézières. Toutes ses défenses sont dominées par les hauteurs de la rive gauche et ne sont plus en rapport avec les moyens dont dispose la guerre moderne. Avec la longue portée des pièces actuelles, l'artillerie allemande pouvait facilement écraser la ville et même atteindre, en tirant au-dessus d'elle, les troupes échelonnées sur les hauteurs étagées de la rive droite.

Les positions occupées par l'armée française formaient un vaste triangle, dont la Meuse était la base, le Floing et la Givonne les côtés. Les vallées de ces trois cours d'eau étaient semées de beaux villages. En

arrière se trouvaient des hauteurs garnies de bois. La
configuration du terrain se prêtait bien à une bataille
défensive, mais l'armée était épuisée, démoralisée,
mal pourvue de vivres; elle ne comptait qu'environ
125 000 hommes, sur lesquels 100 000 au plus pouvaient porter les armes, avec 419 bouches à feu, et elle
avait le pressentiment instinctif qu'elle courait à sa
perte, tandis que les Allemands avaient 813 pièces
bien supérieures aux nôtres et 245 000 combattants
pleins de confiance en leurs chefs et enivrés par leurs
triomphes précédents.

Sûrs du succès, les Allemands se disposèrent, non
seulement à livrer bataille, mais à profiter de leur
supériorité numérique pour envelopper complètement
l'armée française.

Le maréchal de Mac-Mahon ne comptait pas combattre le 1er septembre. Il avait l'intention de laisser
pendant cette journée les troupes harassées prendre
du repos, tout en fortifiant quelques positions et en
remettant de l'ordre dans l'armée. Désireux au contraire de profiter de tous ses avantages, l'état-major
allemand était résolu à agir avec activité et énergie et
à ne pas perdre un instant pour livrer bataille.

Aussi le 1er septembre, dès 4 heures et demie, l'action s'engageait.

La nuit du 31 août au 1er septembre avait été
froide et humide. D'épais brouillards flottaient sur les
vallées et l'aube blanchissait à peine quand les soldats
engourdis furent réveillés par le bruit de la fusillade.
Les Bavarois, qui s'étaient mis en marche avant le
jour, attaquaient Bazeilles, défendu par la brigade
d'infanterie de marine du général Vassoigne.

Sur ce point la lutte fut héroïque, mais elle fut
purement défensive. Bazeilles est un fort village,

BAZEILLES.

traversé par deux routes qui s'y croisent. D'un côté se
trouvent le château et le parc Dorival, de l'autre le
parc de Monvillers, au nord de la villa Beurmann. Les
Français avaient barricadé les rues et crénelé les murs.
Malheureusement ils n'avaient préparé la résistance
que dans une partie du village. Par une négligence

BAZEILLES.

qui se répéta, du reste, dans la défense de plusieurs
villages voisins, à Daigny, à Floing, à Givonne, au
lieu d'occuper solidement les premières maisons faisant
face à l'ennemi, on les laissa complètement de
côté et on se barricada seulement dans la seconde
moitié du village. C'est là une faute grave et qui eut
de funestes résultats dans toutes les localités où elle
fut commise. Il est bien évident en effet que si l'ennemi
parvient à pénétrer dans les habitations inoccupées
qu'on lui abandonne de gaieté de cœur, il s'y

installe promptement, s'y rallie et s'y crée des abris. Les avantages se compensent et l'on perd tout le bénéfice de la situation défensive.

Ce fut ce qui arriva. Par une offensive hardie les Bavarois, repoussés au nord et à l'ouest, se logèrent dans les maisons abandonnées du côté sud. Ils trouvèrent là deux fortes constructions en pierre et s'y maintinrent opiniâtrément. Alors commença une lutte effroyable. On se battit d'abord de maison à maison, puis, les renforts arrivant, on se prit corps à corps dans les jardins, dans les rues, dans les granges. Exaspérés d'une résistance qui leur causait des pertes énormes, les Allemands se conduisirent en sauvages. Ils massacrèrent les habitants, tuèrent des vieillards et des femmes. Des enfants eurent la tête broyée contre les murs. Des soldats, coupables du crime de s'être trop bien défendus, furent passés par les armes, de sang-froid, après l'action. On cite parmi eux MM. Vatrin, lieutenant, et Chevalier, sous-lieutenant d'infanterie de marine. La rage des Allemands était telle que pendant le combat, leur artillerie, au risque de tuer indifféremment amis et ennemis, criblait de projectiles le malheureux village.

Pour en finir plus vite avec cette résistance désespérée, les Bavarois amenèrent deux pièces de canon jusqu'à 70 pas des maisons qu'elles devaient éventrer. Tous les servants furent tués, les deux pièces demeurèrent silencieuses; mais des renforts arrivaient sans cesse aux Allemands. Le parc de Monvillers fut d'abord enlevé par le général de Tann. Les obus finirent par allumer l'incendie dans le malheureux village, où l'infanterie de marine tenait toujours. Elle dut l'évacuer, et bientôt un monceau de débris fumants, encombré de cadavres, montra seul l'endroit où avai été Bazeilles. La villa Beurmann résistait toujours.

Pendant ce temps les Saxons arrivaient à la Moncelle. Ils s'en emparèrent sans grande difficulté et s'y installèrent ; mais quand ils voulurent y établir leurs batteries, un feu très violent les prit en flanc et les arrêta.

Il était à peu près 7 heures et l'action s'engageait sur toute la ligne. Par malheur, au moment où la direction du général en chef devenait plus nécessaire que jamais, le maréchal de Mac-Mahon devait se démettre de son commandement.

En entendant les feux de mousqueterie qui lui annonçaient que la bataille s'engageait sérieusement sur la Meuse, le maréchal était monté à cheval et s'était rapproché de Bazeilles. Le jour se levait et les brumes épaisses qui couvraient la campagne remontaient lentement vers le ciel. L'artillerie prussienne, déjà en position, avait ouvert le feu aussitôt qu'elle avait pu distinguer les objets et diriger ses coups. L'état-major devint un point de mire et le maréchal, blessé à la hanche d'un éclat d'obus, dut être emporté du champ de bataille entre 6 et 7 heures. Il remit le commandement de l'armée au général Ducrot.

A peine investi des fonctions de général en chef, celui-ci, estimant la lutte impossible, décida la retraite sur Mézières et expédia dans toutes les directions des ordres en conséquence. Il avait fait faire du côté de l'ouest des reconnaissances par la cavalerie de la division Margueritte qui n'avaient pas rencontré l'ennemi et il croyait le chemin libre. Du reste, les têtes de colonne des 5e et 11e corps allemands qui coupèrent la retraite à l'armée française de ce côté, n'apparurent qu'à 9 heures. Les mouvements de troupe étaient déjà commencés quand le général de Wimpffen réclama le commandement qu'un ordre du ministre de la guerre lui confiait dans le cas où le maréchal de Mac-Mahon ne pourrait plus l'exercer.

Le général de Wimpffen quittait l'Algérie. Arrivé la veille seulement de Paris, il ignorait peut-être la situation périlleuse de l'armée. Jugeant impraticable la retraite sur Mézières ou croyant encore à la possibilité d'un succès, il fait reprendre aux troupes les positions qu'elles occupaient le matin. Ces tergiversations dans le commandement, ces contre-ordres, les contre-marches qu'ils amènent, jettent le désarroi dans l'armée, troublent et démoralisent le soldat et font perdre un temps précieux pendant lequel les ennemis se rapprochent.

A 10 heures, Daigny tombe en leur pouvoir.

Là, le succès parut un instant se décider en notre faveur.

Le général Ducrot attachait, pour le passage de l'artillerie, une grande importance à la possession du pont sur la Givonne situé dans ce village et il avait donné au général Lartigue l'ordre de se porter contre le bois Chevalier, au delà du ruisseau, afin de couvrir le pont. En voyant commencer ce mouvement, les Saxons s'élancèrent au combat, et, pour arriver plus vite en ligne, laissèrent leurs sacs au bivouac. Un feu très vif épuisa leur provision de cartouches. Trois batteries qui arrivèrent à leur secours se virent obligées de reculer sous la fusillade très violente d'une partie de la division Lartigue. L'infanterie commençait à fléchir et, pour profiter de ce moment de trouble, les Français se préparaient à un mouvement offensif énergique, quand une attaque sur leurs deux flancs vint les surprendre et les obligea à abandonner précipitamment la position en laissant sur le terrain une

ZOUAVES ET TURCOS CHARGEANT LES PRUSSIENS.

mitrailleuse et deux canons. Ils repassérent la Givonne, laissant les turcos dans le village, où ils se maintinrent courageusement, mais qu'ils furent aussi forcés d'évacuer.

Vers ce moment la villa Beurmann tombait enfin aux mains de l'ennemi; Givonne et Balan étaient enlevés.

L'artillerie de la garde, celle des Saxons, profitaien de ces avantages pour avancer et prendre position à l'aile droite de l'armée prussienne. A l'aile gauche, les ennemis occupaient Saint-Menges et Floing, où deux compagnies prussiennes, qui s'étaient logées dans quelques maisons abandonnées à l'extrémité du village, tinrent pendant deux heures contre les attaques les plus vives de tout un corps d'armée. Les batteries des 11ᵉ et 5ᵉ corps prussiens, ces dernières comprenant 84 pièces, se déployèrent contre Floing jusqu'à la forêt des Ardennes, réunissant leur feu à celui des batteries de la garde.

A 1 heure les Allemands avaient 426 pièces en position et couvraient de leurs projectiles tout le plateau occupé par l'armée française.

Nos canons sont démontés, leurs affûts mis en pièces, les servants tués ; les caissons sautent, les chevaux affolés portent le désordre dans les rangs de l'infanterie. Les soldats voient avec terreur les obus tomber dans leurs rangs, devant eux, derrière eux, partout. Partout ils voient la mort. Les têtes se perdent ; la débandade commence, les fuyards se dirigent, les uns vers la forêt des Ardennes, les autres, la majeure partie, vers Sedan, où ils espèrent en vain trouver un abri derrière ses murailles ; ils encombrent les abords de la place. Mais les obus les y poursuivent, et bientôt 600 pièces de canon y sèment l'incendie, la désolation et la mort!

Quelques troupes luttaient encore. Vers 1 heure,

la brigade de cavalerie Margueritte reçoit l'ordre de
charger. Son général est tué tandis qu'il s'avance pour
reconnaître le terrain; le général de Galliffet le rem-

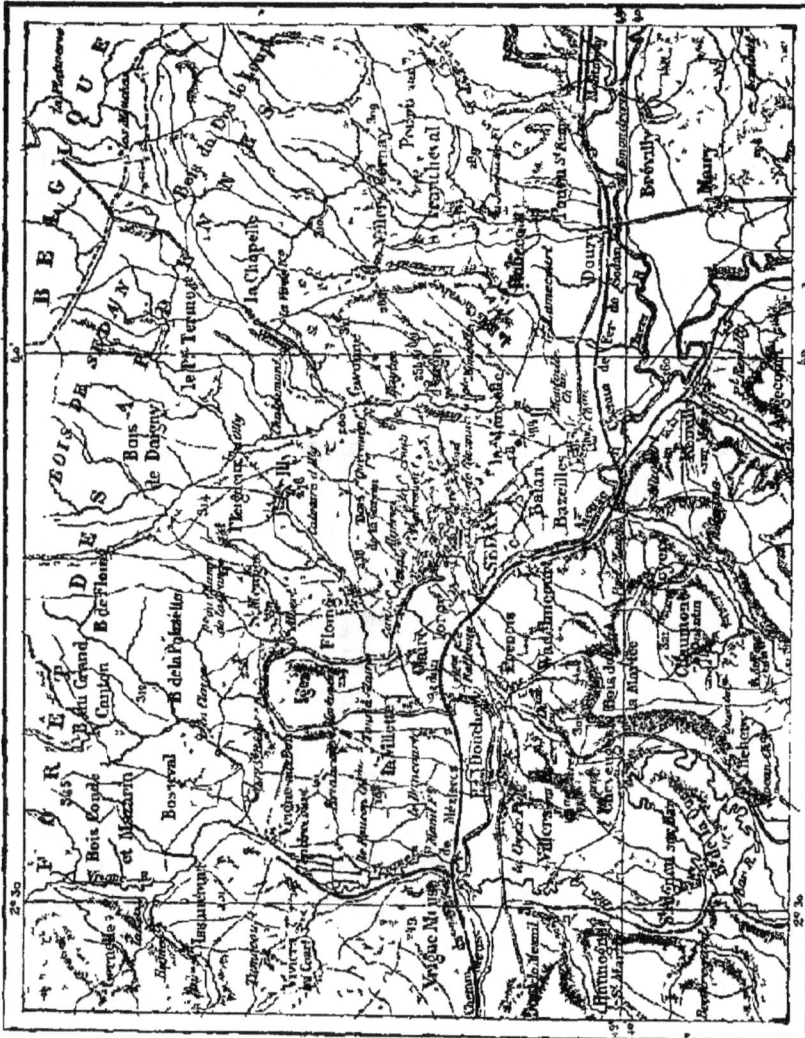

CHAMP DE BATAILLE DE SEDAN

place. Il prend le commandement de ces braves esca-
drons et, sous un feu épouvantable d'artillerie et de
mousqueterie, il leur fait faire pendant une demi-
heure ces belles charges d'une intrépidité si héroïque

qu'elles arrachèrent au roi Guillaume un cri d'admiration : « Ah! les braves gens, » s'écria-t-il en les
voyant courir à la mort; mais il était trop tard. Le général Margueritte avait inutilement demandé dans la
matinée, à plusieurs reprises, l'autorisation de charger au moment où les Prussiens passaient la Meuse et
où il aurait pu jeter dans le fleuve quelques régiments
qui venaient de le traverser. Ses demandes réitérées
étaient restées sans réponse et l'ordre arrivait quand
le dévouement devait être inutile.

Après l'échec de la cavalerie française, les Prussiens
se portèrent à l'attaque du calvaire d'Illy. Les sommets
avaient été garnis de tranchées-abris qui furent admirablement défendues; l'infanterie allemande fit de
grandes pertes en montant à l'assaut des pentes escarpées qui conduisent au plateau. Comme toujours, la
position fut tournée. Les positions, prises à revers du
côté gauche, durent être abandonnées. Le calvaire
d'Illy fut occupé par l'infanterie prussienne, tandis que
la garde pénétrait dans le bois de la Garenne et y
ramassait par milliers des soldats de tous les corps,
désarmés, découragés, épuisés de fatigue et de faim.
Un seul bataillon du 17e régiment se rallia et résista
vaillamment. A ce bel exemple un certain nombre de
soldats débandés qui avaient encore leurs fusils et des
cartouches se groupèrent autour de lui. La mitraille et
les feux croisés de plusieurs régiments eurent bien vite
raison de cette poignée de braves qui furent anéantis.

Le cercle fatal se resserrait autour de Sedan. Le général de Wimpffen, reconnaissant l'impossibilité de
s'ouvrir la route de Mézières, voulut essayer de se frayer
un passage sur Carignan. Il expédia à tous les chefs
de corps l'ordre de se porter dans cette direction et fit
demander à l'Empereur de venir se mettre à la tête

de ses troupes pour forcer le passage. « Sire, disait-il,
je donne l'ordre au général Lebrun de tenter une
trouée dans la direction de Carignan et je le fais suivre
de toutes les troupes disponibles. Je prescris au général Ducrot d'appuyer ce mouvement et au général
Douay de couvrir la retraite. Que Votre Majesté
vienne se mettre au milieu des troupes, elles tiendront
à honneur de lui ouvrir un passage. » Puis il réunit
quelques milliers d'hommes et se jeta sur Balan. Sous
cet assaut furieux les Bavarois qui l'occupaient se re-
jettent en désordre en arrière du village, qui est enlevé
impétueusement. Les fuyards allemands empêchent
leurs troupes de soutien d'arriver.

Il y eut un moment de trouble chez l'ennemi, mais il fut
court. Les ordres envoyés par le général de Wimpffen n'é-
taient pas parvenus ou n'étaient arrivés que trop tard.
Ils ne furent pas exécutés et l'Empereur ne vint pas.

Sorti de Sedan le matin, Napoléon III, après être
resté quelque temps sous le feu, était rentré à la sous-
préfecture et il y attendait les événements. Les nouvelles les plus funestes arrivaient d'instant en instant ;
lorsqu'il reçut la dépêche du général de Wimpffen, il
tenta de sortir de nouveau, mais les portes étaient en-
combrées, les obus éclataient dans les rues jonchées
de cadavres, il ne put passer. L'état-major allemand,
comprenant que le plus court moyen d'en finir était de
bombarder Sedan où se trouvaient l'Empereur et une
immense quantité de soldats, dirigeait sur la ville la
plus grande partie de sa formidable artillerie. L'Empereur revint et, dans un accès de désespoir, donna
l'ordre de hisser le drapeau blanc au-dessus de la ville.

A ce signal le combat s'arrête des deux côtés, mais
le chef d'état-major, général Faure, fait abattre le pavillon parlementaire. Pressé par l'Empereur de signer

APRÈS SEDAN.

l'ordre de cesser le feu, il répond avec énergie : « Je viens de faire abattre le drapeau blanc, ce n'est pas pour signer un ordre pareil. » Les généraux Douay, Lebrun, Ducrot ne consentent pas davantage à traiter avec l'ennemi. Ducrot propose d'attendre la nuit pour tenter une sortie, mais il y a encore cinq ou six heures de jour. Pendant ce temps, le malheureux commandant en chef voyait le village de Balan écrasé de projectiles et attaqué par des forces immenses. La petite colonne qu'il avait amenée diminue rapidement sous ces attaques multipliées. Son élan désespéré avait fait reculer l'ennemi ; mais, n'étant pas soutenue, elle fut décimée et dispersée. Tout était bien fini.

L'Empereur fit de nouveau hisser le drapeau blanc et le feu s'arrêta vers quatre heures. Le général de Wimpffen dut exercer jusqu'au bout son pénible commandement et se charger des négociations relatives à la reddition de l'armée. Il se rendit à Donchery, au quartier général prussien. L'état-major allemand se montra impitoyable. MM. de Moltke et de Bismarck étaient décidés à tirer de leur victoire toutes les conséquences possibles. L'armée devait se rendre tout entière prisonnière de guerre avec armes et bagages. En raison du courage montré par l'armée, les officiers gardaient leurs armes et pouvaient rentrer en France en donnant leur parole de ne plus servir contre l'Allemagne pendant toute la durée de la guerre.

Le général de Wimpffen tenta inutilement d'obtenir du vainqueur un adoucissement à ces conditions. Il se retira pour en conférer avec l'Empereur. Le lendemain de grand matin, l'Empereur eut une entrevue avec M. de Bismarck et lui demanda si l'on ne pouvait pas faire passer l'armée française en Belgique pour l'y faire désarmer et interner.

M. de Bismarck, qui avait étudié la question la veille avec M. de Moltke, n'y consentit pas, et le 2 septembre, après un conseil de guerre qui eut lieu à neuf heures et où il fut reconnu qu'il fallait subir la volonté du vainqueur, le général de Wimpffen signa la désastreuse capitulation dont voici la teneur :

« Entre les soussignés, le chef d'état-major du roi Guillaume, commandant en chef des armées d'Allemagne, et le général commandant l'armée française, tous deux munis des pleins pouvoirs de Leurs Majestés le roi Guillaume et l'empereur Napoléon, la convention suivante a été conclue :

» Art. 1er. L'armée française, placée sous les ordres du général de Wimpffen, se trouvant actuellement cernée par des troupes supérieures autour de Sedan, est prisonnière de guerre.

» Art. 2. Vu la défense valeureuse de cette armée française, exemption pour tous les généraux et officiers, ainsi que pour les employés supérieurs ayant rang d'officiers qui engagent leur parole d'honneur par écrit de ne pas porter les armes contre l'Allemagne et de n'agir d'aucune manière contre ses intérêts jusqu'à la fin de la guerre actuelle. Les officiers et employés qui acceptent ces conditions conserveront leurs armes et les effets qui leur appartiennent personnellement.

» Art. 3. Toutes les armes, ainsi que le matériel de l'armée, consistant en drapeaux, aigles, canons, munitions, etc., seront livrés, à Sedan, à une commission militaire instituée par le général en chef, pour être remis immédiatement aux commissaires allemands.

» Art. 4. La place de Sedan sera livrée, dans son état actuel, et au plus tard dans la soirée du 2, à la disposition de S. M. le roi Guillaume.

» Art. 5. Les officiers qui n'auront pas pris l'engagement mentionné à l'article 2, ainsi que les troupes désarmées, seront conduits, rangés d'après leur régiment ou corps, en ordre militaire.

» Cette mesure commencera le 2 septembre et sera terminée le 3. Ces détachements seront conduits sur le terrain bordé par la Meuse, près Iges, pour être remis aux commissaires allemands par leurs officiers, qui céderont alors leur commandement à leurs sous-officiers.

» Les médecins-majors, sans exception, resteront en arrière pour soigner les blessés.

» A Fresnois, le 2 septembre 1870.

» Signé : MOLTKE et DE WIMPFFEN. »

M. de Bismarck rend justice aux efforts que fit le général pour obtenir de meilleures conditions. On lit en effet dans le rapport qu'il adressa au roi Guillaume les lignes suivantes :

« L'attitude du général de Wimpffen était très digne, comme celle des généraux français, la nuit précédente. Ce brave officier ne put s'empêcher de m'exprimer la profonde douleur qu'il éprouvait, vingt-quatre heures après son arrivée d'Afrique, et une demi-journée après qu'il eut pris le commandement, de devoir mettre sa signature sur une capitulation si pénible pour les armes françaises. Toutefois le manque de nourriture et de munitions, l'impossibilité absolue de prolonger la défense, imposaient au général le devoir de faire taire ses sentiments personnels, parce que l'effusion du sang ne pouvait plus rien changer à l'état des choses. »

Voici le rapport dans lequel le général rend compte au ministre de la guerre des derniers moments de la bataille et des négociations de la capitulation :

« ..... A quatre heures un officier m'apporta une lettre par laquelle l'Empereur me prévenait que le drapeau blanc avait été hissé sur la citadelle, m'invitant à cesser le feu et à me charger de négocier avec l'ennemi. Je refusai, à plusieurs reprises, d'obtempérer à cette injonction.

» Malgré les pressantes instances de Sa Majesté, je n'en crus pas moins devoir tenter un suprême effort et je rentrai en ville pour appeler à moi toutes les troupes qui s'y trouvaient accumulées ; mais, soit fatigue provenant d'une lutte de douze heures sans prendre de nourriture, soit instructions mal comprises, soit ignorance des suites dangereuses que pourrait avoir leur agglomération dans une ville impropre à la défense, peu d'hommes répondirent à mon appel. C'est avec 2000 soldats seulement, auxquels se joignirent quelques gardes mobiles et un certain nombre de courageux habitants de Sedan, que je chassai l'ennemi du village de Balan.

» Ce fut le dernier effort de la lutte ; l'effectif de ces troupes était trop peu considérable pour tenter la seule retraite qui fût possible, eu égard à la disposition des troupes ennemies.

» A six heures je rentrai le dernier dans la ville encombrée de caissons, de voitures, de chevaux qui arrêtaient toute circulation. Les soldats, entassés dans les rues avec le matériel de l'artillerie, étaient exposés aux plus grands périls en cas de bombardement.

» J'apprenais de plus qu'il restait un seul jour de vivres dans les magasins de la place, les approvisionnements amenés de Mézières par le chemin de fer ayant été renvoyés à Mézières au premier coup de canon.

» Dans ces conditions et sur un nouvel ordre de l'Empereur, je me résignai à aller négocier près de M. le comte de Moltke les conditions d'une capitulation. Dès les premiers mots de notre entretien, je reconnus que le comte de Moltke avait malheureusement une connaissance très exacte de notre situation et de notre complet dénûment en toutes choses. Il me dit qu'il regrettait de ne pouvoir accorder à l'armée tous les avantages mérités par sa conduite valeureuse, mais que l'Allemagne était obligée de prendre des mesures exceptionnelles à l'égard d'un gouvernement n'offrant, disait-il, aucune chance de stabilité; qu'en raison des attaques répétées et du mauvais vouloir de la France à l'égard de son pays, il lui était indispensable de prendre des garanties matérielles. En conséquence, il se voyait contraint d'exiger que l'armée fût faite prisonnière.

» Je ne crus pas devoir accepter de telles conditions. On me prévint que le lendemain matin la ville serait bombardée, et je me retirai avec la menace de voir le bombardement commencer à neuf heures si la convention n'était point arrêtée avec l'ennemi.

» Le 2 septembre, au point du jour, les généraux de corps d'armée et de division se réunirent en conseil de guerre et, après examen des ressources de la place, il fut décidé à l'unanimité que l'on ne pouvait éviter de traiter avec l'ennemi.

» Le même jour, à neuf heures, je me rendis au quartier général du comte de Moltke, où j'obtins quelques adoucissements aux mesures proposées.

» Je ne connais pas encore le chiffre exact de nos pertes, mais j'évalue de 15 à 20 000 hommes le nombre de morts et de blessés pour les deux journées de Beaumont et de Sedan.

» L'ennemi assure nous avoir fait 30 000 prisonniers dans ces deux mêmes journées. A la bataille livrée sur le plateau d'Illy, nous avions de 60 à 65 000 combattants. M. de Moltke lui-même a reconnu que nous avons lutté contre 220 000 hommes, et que la veille, à 5 heures du soir, un corps prussien d'un effectif supérieur à celui de notre armée était déjà placé sur notre ligne de retraite. Une lutte soutenue pendant quinze heures contre des forces très supérieures me dispense de faire l'éloge de l'armée. Tout le monde a noblement fait son devoir.

» Je regrette profondément de n'être arrivé à l'armée que le soir d'un insuccès, et de n'en avoir pris le commandement que le jour où une grande infériorité numérique et les conditions dans lesquelles étaient placées les troupes rendaient la défaite inévitable.

» C'est le cœur brisé que j'ai apposé ma signature au bas d'un acte qui consacre un désastre pour la France, sacrifice que mes compagnons d'armes et d'infortune sont peut-être seuls susceptibles de bien comprendre.

» J'avais fait connaître tout d'abord au général de Moltke que je ne séparais point mon sort de celui de l'armée. Je suis en route pour Aix-la-Chapelle, où je vais me constituer prisonnier, accompagné de mon état-major particulier et de l'état-major général du 5ᵉ corps, qui, pendant toute la bataille, en l'absence de l'état-major général du maréchal de Mac-Mahon, a rempli près de moi les fonctions d'état-major général de l'armée.

» D'Aix-la-Chapelle, je compte me rendre en Wurtemberg, à Stuttgard, ville qui m'a été désignée pour lieu de mon internement.

                    » Le général commandant en chef,

                    » DE WIMPFFEN. »

Il ne restait plus qu'à exécuter la fatale capitulation. Le 3 septembre, l'armée française, laissant ses armes dans Sedan, se rendit dans la presqu'île d'Iges formée par un repli de la Meuse et un canal qu'un seul pont traverse au village de Glaire. « C'est, dit M. le commandant Corbin dans son journal de marche du 1er corps d'armée, c'est dans cet espace étroit, détrempé par des pluies abondantes qui commencèrent le 3 septembre et durèrent plusieurs jours sans interruption, que 70 000 hommes devaient être détenus pendant près de dix jours, dans la boue, sans abri, sans vivres, ayant pour toutes ressources les pommes de terre qu'ils trouvaient dans les champs et qui furent rapidement épuisées. »

Lorsque le vainqueur daigna donner l'ordre du départ, nos malheureux soldats furent acheminés en colonnes vers les places fortes de l'Allemagne ; où ils devaient subir pendant de longs mois les horreurs de la captivité. « Pendant longtemps les malheureuses populations de l'Est virent défiler lentement sur les routes des convois de soldats français, amaigris par les souffrances de la campagne, avec leurs vêtements en loques, leurs chaussures usées et la longue barbe des captifs. Ils étaient conduits par des détachements d'infanterie bavaroise. Les soldats allemands, tout joyeux de cette victoire inespérée, ne craignaient plus de représailles et se conduisaient envers leurs prisonniers en garde-chiourme plutôt qu'en vainqueurs [1]. »

1. Camille Farcy, *Histoire de la guerre de* 1870-71.

CHAPITRE VII

Plus heureux que nos infortunés camarades prisonniers des Prussiens, nous échappâmes aux traite-
ments barbares et à la dure captivité qu'ils eurent à subir. Dès que nous eûmes mis le pied sur le sol hospi-
talier de la Belgique, nos épreuves furent terminées.

Après nous avoir laissé prendre quelques jours de
repos à Bouillon, l'autorité militaire belge donna
l'ordre de nous conduire au camp de Beverloo. Nous
partîmes de Bouillon de bon matin pour nous rendre
à Saint-Hubert, village où nous devions prendre le
chemin de fer. L'étape était longue, et, vers 4 heures
de l'après-midi, le capitaine belge qui commandait
notre escorte, voyant l'épuisement de beaucoup d'entre
nous, voulut nous faire bivouaquer en plein champ.
Il pleuvait à verse, un vent violent et froid soufflait
sans interruption depuis le matin; nous étions trans-
percés et transis. On lui représenta qu'une marche
forcée, si longue qu'elle fût, aurait encore moins
d'inconvénients pour nous qu'une nuit passée dans
de telles conditions, sans tentes, sans couvertures,

sans aliments chauds. Il se rendit à ces raisons; nous reprîmes notre marche et nous arrivâmes vers dix heures du soir à Saint-Hubert, où un train spécial avait été préparé pour nous emmener. On nous installa dans des wagons à bestiaux. Le sommeil m'était revenu. Je m'étends sur une banquette et je dors à poings fermés jusqu'au jour.

Dans la matinée, nous arrivons à Beverloo. Beverloo est un petit village situé au nord-est de la Belgique, au milieu de landes immenses, couvertes de bruyères et de marécages; de différents côtés se trouvent quelques bouquets de bois, chênes, bouleaux et sapins mélangés qui ont l'air chétif et rabougri. Le pays, plat, sablonneux, stérile, inspire un profond sentiment de tristesse; il était à peu près désert avant qu'on eût l'idée d'y installer un camp. Les baraquements des soldats sont en brique et bois, spacieux, bien aérés et propres.

Au bout de huit longs jours, mon ami et moi nous obtînmes, en échange de notre parole d'honneur de ne pas quitter le territoire où nous étions réfugiés, l'autorisation de vivre dans une ville qui nous fut désignée : c'était Gand. En passant à Bruxelles, nous y retrouvâmes un de nos camarades, jeune ingénieur civil de grand talent. C'était un Lorrain fixé à Paris. Il s'était engagé sans prévenir sa famille. Son père, ayant appris qu'il s'était battu dans les rangs des Lafon-Mocquard à la Chapelle, s'y rendit pour avoir de ses nouvelles. Personne ne put lui en donner dans le village, personne ne le connaissait. Le malheureux père fit ouvrir la tranchée où l'on avait rangé côte à côte les cadavres de nos camarades tués dans le combat. Arrivé au quatorzième corps, il se trouva mal et, brisé par l'émotion, il n'eut pas le courage de coint-

nuer son effroyable recherche. Une lettre de son fils
vint heureusement, quelques jours après, le tirer de
son angoisse. A notre arrivée à Gand, nous fûmes littéralement enlevés, en descendant de chemin de fer,
par un négociant, M. Alphonse Janssen, Français de
cœur, qui avait servi dans la légion étrangère et fait
la campagne de Crimée. Il nous ouvrit sa maison,
nous admit dans sa famille : sa franche et cordiale
hospitalité est restée dans notre cœur comme l'un de
nos meilleurs et de nos plus doux souvenirs. Son
père, vieillard de quatre-vingts ans, vert et alerte
comme un jeune homme, avait fait la campagne de
Russie et les campagnes de France. Nos désastres le
faisaient fondre en larmes.

Au lendemain de Sedan nous croyions que tout
était fini et que la paix ne tarderait pas à se conclure.
Notre épuisement d'ailleurs ne nous permettait pas
de songer à rentrer immédiatement en France et nous
dûmes passer en Belgique, prisonniers, prisonniers
sur parole, tout le temps qui s'écoula jusqu'à la fin
de la guerre. Nous suivions ses péripéties avec une
anxiété poignante dans les journaux français et étrangers que l'hospitalité gantoise avait mis à notre disposition en nous ouvrant gracieusement l'entrée des
deux meilleurs cercles de la ville. Chaque jour nous
venions, le matin et le soir, chercher les nouvelles et
savoir où en était la fortune de la France. La Prusse
était-elle décidée à poursuivre impitoyablement sa
victoire? l'Europe nous laisserait-elle écraser? En cas
d'une lutte suprême, le peuple français se lèverait-il
tout entier pour défendre l'intégrité de son territoire,
et ses efforts seraient-ils couronnés de succès?

Et à mesure que les jours s'écoulaient, nous
voyions le roi de Prusse, oublieux d'une parole solen-

nellement donnée, faire la guerre, non pas à l'Empereur, mais au peuple français; les Allemands occuper méthodiquement le tiers de la France, bloquer Metz, Strasbourg, Paris, Belfort. Nous voyions nos armées échouer l'une après l'autre; l'Europe intimidée ou complice assister, impassible et railleuse, à notre abaissement; des journaux de tous pays se réjouir de nos désastres, les uns vomissant l'outrage, car il ne manque jamais d'âmes basses et viles pour insulter au malheur, les autres nous accordant une pitié dédaigneuse, peut-être plus blessante encore que l'insulte. Alors nos cœurs se serraient et nous passions de longues heures, immobiles et silencieux, à méditer, le désespoir et la colère au cœur, sur les malheurs de la patrie, de notre pauvre chère France, livrée à l'envahisseur. Les regrets les plus amers, je dirai presque le remords, nous rongeaient. Ah! si, à Sedan, nous avions pu croire que la guerre allait continuer, si nos forces ne nous avaient pas trahis, nous eussions tout fait, tout, pour rentrer en France et combattre encore.

Le 4 septembre, un nouveau gouvernement avait pris la direction des affaires; il paraissait décidé à une résistance énergique. Metz tenait encore avec sa belle armée; Strasbourg bombardé résistait avec énergie; Paris, bien approvisionné, entouré de sa ceinture de forts, devait arrêter longtemps l'ennemi. Pendant ce temps la province se lèverait, s'organiserait et arriverait à faire reculer les envahisseurs. Telles étaient nos patriotiques espérances que les événements devaient si cruellement tromper.

Dans le courant d'août, l'armée de Metz avait livré d'abord la bataille de Borny (14 août), qui n'avait d'autre objet que d'assurer la retraite de nos troupes inquiétées par Steinmetz et Manteuffel et qui, bien qu'à notre avantage, n'eut pour nous aucun résultat. Elle profita même à l'ennemi en retardant notre mou-

ENVIRONS DE METZ

vement en arrière. Pendant ce temps, en effet, l'armée prussienne, décrivant un immense arc de cercle, venait se placer en grande partie entre Metz et Paris.

Tandis que les Allemands pressaient fiévreusement

leur marche, les Français n'avançaient qu'avec une lenteur désespérante. On ne savait pas profiter des diverses routes que l'on avait à sa disposition, et un encombrement inouï régnait sur celle où l'on faisait passer toutes les troupes. Un corps mit une journée à faire deux kilomètres.

Le 16, le maréchal Bazaine fit marcher l'armée sur Verdun et rencontra l'ennemi qui l'avait devancé dans cette direction. De sanglants combats eurent lieu autour de Rezonville, Vionville, Doncourt, Saint-Marcel, Mars-la-Tour. Au début de l'action, un corps avancé de cavalerie fut, comme toujours, surpris par l'ennemi et s'enfuit en désordre. Mais l'infanterie soutint bravement le choc et rétablit les affaires. Les Allemands, engagés témérairement, subirent des pertes considérables. Vers la fin de la bataille, une batterie de mitrailleuses, habilement dissimulée, anéantit un régiment dont on vit les hommes, subitement arrêtés par la mort, rester debout appuyés les uns contre les autres dans l'attitude martiale du combat.

Le soir nous gardions toutes les positions conquises. L'armée était pleine d'entrain et d'espoir, quand tout à coup l'ordre vint de se replier sous Metz. Cette fatale mesure provenait-elle des indécisions du général en chef qui ne se sentait pas à la hauteur de la situation, ou Bazaine avait-il déjà conçu le dessein de rester sous Metz? Quoi qu'il en soit, les troupes reçurent avec consternation et colère cet ordre singulier, qui fut exécuté dans la nuit. On abandonna toutes les positions et on brûla un immense convoi de vivres, qui devait, disait-on, retarder la retraite. Le lendemain au matin les Allemands épuisés, qui s'attendaient à être vigoureusement refoulés et appelaient à eux tous leurs renforts, occupèrent sans coup férir des positions qu'ils n'avaient pu prendre de vive force, tout étonnés de voir qu'on leur cédait un terrain qu'ils n'avaient pas conquis, et qu'au lieu de contrecarrer leurs plans, l'armée française semblait leur en faciliter l'exécution.

La bataille avait été, eu égard au nombre des troupes engagées, l'une des plus meurtrières du siècle. Un seul régiment allemand perdit 1785 hommes, dont 553 morts. Le total des pertes était pour les Allemands de 15 970 hommes dont 4421 morts, pour nous de 16 859 hommes dont 1367 morts seulement et 5472 disparus.

Le 18, le maréchal Bazaine, dirigeant de nouveau l'armée sur la route de Verdun, rencontra les Allemands aux environs de Gravelotte et de Saint-Privat. Là eut lieu une lutte effroyable. Les Allemands, qui avaient eu le temps de masser leurs troupes, attaquèrent, avec 250 000 hommes et 700 canons, les 150 000 hommes de l'armée française. Le maréchal Canrobert, qui défendait Saint-Privat avec le 6ᵉ corps, fut entouré par 80 000 ennemis. Il tint jusqu'à 8 heures du soir. Enfin, écrasé sous le nombre, sans réserves, sans espoir d'être secouru, malgré les demandes les plus pressantes il abandonna Saint-Privat. Sa retraite fut protégée par la garde, qui n'avait pas pris part au combat et était demeurée l'arme au bras à quelques kilomètres du champ de bataille où gisaient 32 000 hommes tués ou blessés.

Le maréchal Bazaine ne parut pas sur le champ de bataille. Il donna négligemment ses ordres du haut des forts de Metz, refusant, malgré les plus pressantes instances du général Bourbaki, de laisser engager la garde, s'obstinant à considérer comme un engagement sans conséquence cette grande bataille où nos troupes montrèrent tant de solidité, tant d'entrain, une si héroïque bravoure et qui, conduite avec énergie et ténacité, pouvait nous ouvrir la route de Paris.

Les Allemands avaient atteint leur but. L'armée française était rejetée sous les murs de Metz, où elle allait s'immobiliser.

Dès lors en effet, sauf le combat de Noisseville, conduit par Bazaine, les 31 août et 1er septembre, avec une mollesse incroyable, et un simulacre d'opérations qui eurent lieu les 27 septembre, 2 et 7 octobre, le maréchal se renferma dans une inaction absolue. Dominé par des préoccupations étrangères à son rôle de général en chef de la meilleure, de la seule véritable armée de France, une des plus belles qu'un général en chef ait jamais eue sous la main, il ne fit rien pour sortir de son camp retranché. Il permit aux Prussiens de construire autour de lui les retranchements, les lignes qu'ils jugèrent nécessaires, de fortifier les hauteurs, d'y établir des batteries, de créneler les maisons des villages, les fermes, de se rendre inattaquables. De plus il se laissa jouer par eux. Sur les instances d'un négociateur interlope du nom de Régnier, il autorisa Bourbaki à sortir de Metz, perdit du temps, laissa la famine arriver, et quand il n'eut plus de vivres, il jugea qu'il avait suffisamment résisté et il capitula!

Le 27 octobre, le maréchal livra aux Allemands les 173 000 hommes qui lui restaient et dont 100 000 étaient encore en état de porter les armes, 1341 canons, 300 000 fusils, les drapeaux de l'armée! « ces lambeaux d'étoffe, comme il les appelait, qui n'ont de valeur morale que quand ils sont pris sur le champ de bataille », et la ville de Metz, Metz l'imprenable, vierge encore de toute souillure de l'étranger !

La France refusa d'abord de croire à la reddition de Metz, à cette capitulation sans combat, à cette honte. Il fallut cependant se rendre à l'évidence. Un cri d'indignation et de désespoir accueillit cette fatale nouvelle qui venait paralyser tous nos efforts et rendre certaine notre défaite. En effet, tandis que nos vaillants soldats prenaient la route d'Allemagne, maudissant le nom de Bazaine, les troupes du prince Frédéric-Charles, libres désormais, venaient désorganiser la défense et assurer la ruine de notre pays.

Après leur victoire de Sedan, les Prussiens avaient précipité leur marche sur Paris. Le 17 septembre, ils occupaient les hauteurs de Villeneuve-Saint-Georges. Le 19, ils entraient à Versailles et s'emparaient, après une courte affaire, du plateau de Châtillon qu'on avait essayé de fortifier, mais qui ne put être défendu.

Le même jour eut lieu une entrevue de Jules Favre, notre ministre des affaires étrangères, avec M. de Bismarck, au château de Ferrières. On essaya vainement de discuter les conditions d'un armistice; le chancelier prussien se montra résolu à pousser jusqu'au bout les conséquences des victoires de la Prusse.

Le 22, un fort détachement de l'armée de Paris occupait le Moulin-Saquet, Villejuif et le plateau des Hautes-Bruyères. Le 30, avaient lieu quelques affaires à l'Hay, Thiais et Chevilly. Le 13 octobre, le général Vinoy conduisait une grande reconnaissance sur le plateau de Châtillon. Le 21, le général Ducrot livrait le combat de Rueil ou de la Malmaison; malheureusement il avait l'ordre de ne pas s'engager à fond, et cette affaire n'eut d'autre résultat que de montrer aux Prussiens les points faibles de leurs lignes de ce côté et ils s'empressèrent de les fortifier.

Pendant ce temps, les Allemands s'étendaient autour

de Paris, coupaient tous les chemins de fer, les routes, suspendaient toutes les communications et établissaient autour de la capitale un blocus si rigoureux qu'elle se trouva absolument isolée. Les ballons et les pigeons voyageurs devinrent le seul mode de communication entre cette grande ville et le reste du monde. Les Parisiens se décidèrent à une résistance opiniâtre. Les quinze forts de Paris bien armés furent confiés à la marine. Les remparts se garnirent de canons, et la garde nationale fit avec zèle son service.

Paris renfermait des éléments sérieux sur lesquel, on pouvait compter pour la défense : 60 000 soldats 100 000 mobiles et la partie la plus active et la plus jeune de la garde nationale, avec laquelle on forma des régiments de marche. On fondit des canons, on prépara des munitions, et sans hésitation, sans murmure, la population tout entière se disposa à tous les sacrifices et à une lutte acharnée.

Les Allemands ne paraissaient pas se soucier d'attaquer la capitale de vive force. Ils comptaient sur le terrible auxiliaire qui leur avait livré Metz : la faim ! Paris, étroitement bloqué, ne pouvait se ravitailler. Il leur suffisait donc, pour le prendre, de maintenir cet état de choses pendant le temps nécessaire pour l'affamer. Il fallut aller les chercher.

Quand le général Trochu crut avoir suffisamment réorganisé l'armée de Paris, il résolut de tenter une sortie et, bien que la direction de l'ouest lui parût la plus favorable pour percer les lignes d'investissement, ravitailler Paris et entreprendre des opérations ultérieures s'il parvenait à sortir, il se décida à livrer bataille au sud, dans le dessein de combiner ses mouvements avec ceux de l'armée de la Loire.

Le 1er décembre, 60 000 hommes, conduits par le

général Ducrot, s'avancèrent dans la direction de Joinville-le-Pont, d'abord sous le canon des forts, ensuite sous la protection de puissantes batteries établies sur le plateau d'Avron. Ils s'emparèrent de Petit-Bry, de Champigny et arrivèrent jusqu'à Villiers. Les Prussiens perdaient du terrain et les Français couchèrent sur le champ de bataille.

Dans la nuit d'importants renforts arrivèrent aux Allemands. Le 2 au matin, ils prirent l'offensive à leur tour et regagnèrent quelques positions. Mais, dans l'après-midi, nos troupes les firent de nouveau reculer et reprirent le terrain perdu. Malheureusement le froid devenait extrèmement vif, les troupes souffraient; une crue subite de la Marne n'avait pas permis d'exécuter l'opération avec la rapidité nécessaire, les Allemands accouraient en foule, ils occupaient les positions en arrière du champ de bataille. Opérer la trouée devenait impossible et, le 3 décembre, l'armée rentra sous le canon des forts. Nous avions perdu 6000 hommes. Les Allemands de leur côté avaient 5000 tués ou blessés. Malheureusement, cette action, qui fit le plus grand honneur à nos jeunes troupes, ne modifia en rien notre situation et le blocus continua. Paris souffrait. Les vivres diminuaient rapidement. Le combustible, bois et charbon, manquait et le froid était vif, mais la population fit preuve d'une incomparable énergie; elle supporta avec un courage et une patience à toute épreuve les privations les plus dures, et le bombardement, par lequel le comte de Moltke espérait la réduire et qui commença le 5 janvier, ne parvint pas à ébranler sa constance.

Tandis que Paris assiégé résistait, la lutte continuait en province. Les Allemands se répandaient dans le pays, s'emparant des villes ouvertes, des villages

même auxquels ils faisaient payer d'énormes contri-
butions de guerre sous les plus futiles prétextes et souvent sans prétexte; livrant au pillage et aux flammes
les localités où ils croyaient apercevoir quelques symptômes d'hostilité; fusillant les paysans qui refusaient
de donner des renseignements sur les mouvements de
nos troupes ou de leur servir de guides; empêchant
enfin, par un système de répressions impitoyables et
de cruautés sans nom, la résistance des populations.
Ils bombardaient sans pitié les places fortifiées. Toul,
Verdun, Thionville, Montmédy, Mézières, Laon, Sois-
sons, Phalsbourg et bien d'autres se rendirent après
avoir vu les obus prussiens semer l'incendie dans
tous leurs quartiers et faire périr indistinctement les
militaires et la population civile, femmes, enfants,
vieillards inoffensifs. Le bombardement était un des
moyens d'action favoris de nos sauvages ennemis,
qui, foulant aux pieds toutes les considérations d'hu-
manité qui règlent la guerre entre les peuples civi-
lisés, le commencèrent souvent sans même en prévenir les commandants des places assiégées.

Une des villes le plus cruellement traitées fut certainement Strasbourg.

Strasbourg, rangée parmi les places fortes de
première classe, était pourvue de fortifications,
excellentes autrefois, mais devenues insuffisantes
en raison des perfectionnements apportés à l'artillerie
moderne. Depuis plusieurs années les militaires les
plus distingués avaient en vain demandé qu'on entou-
rât cette ville d'une ceinture de forts qui, en en faisant
un vaste camp retranché, auraient rendu le bombardement impossible et en auraient fait le lieu de ralliement
d'une armée vaincue en Alsace ou sur la rive droite
du Rhin. Si ce projet eût été exécuté, les débris de

MONTMÉDY.

l'armée du maréchal de Mac-Mahon, au lieu de se replier en désordre au delà des Vosges, sans point de concentration.déterminé, seraient venus se reformer à l'abri de ses forts. On aurait pu de la sorte arrêter l'armée du prince royal, après son succès de Wœrth, en la menaçant d'une attaque sur ses derrières si elle s'engageait dans les défilés des Vosges pour envahir la France ou d'une attaque de flanc si elle essayait de les tourner. Rien ne fut fait. On se contenta de maintenir en bon état les fortifications existantes.

Au début de la guerre, le général Uhrich fut chargé de la défense de la ville. La garnison était peu nombreuse, mais elle s'accrut de quelques fuyards de Reichshoffen et elle comptait environ 10 000 hommes lorsque l'ennemi vint l'investir.

Dès le 11 août, les troupes chargées de cette opération commencèrent leur mouvement. Toutefois l'investissement ne fut complet que le 20. L'ennemi avait plus de 50 000 hommes, 108 canons de campagne et 240 pièces de siège.

Le 14, l'ennemi put lancer quelques projectiles dans la ville. Dès ce jour le bombardement commencé continua sans interruption et la ville fut écrasée par un feu terrible qui ne cessa qu'à la capitulation. La cathédrale, qui servait de cible aux artilleurs allemands, fut mutilée. La grande bibliothèque, qui renfermait une foule de livres et de manuscrits rares et précieux, le Musée, la Préfecture, les hôpitaux, les casernes, plus de 400 maisons, devinrent la proie des flammes.

Quelques sorties furent inutilement tentées par la garnison et par les francs-tireurs de Strasbourg commandés par M. Liès-Bodard, professeur à la Faculté des sciences, aujourd'hui inspecteur général de l'instruction publique, homme de cœur et ardent patriote.

L'ennemi, couvert par des travaux de défense, protégé par sa puissante artillerie et bien supérieur en nombre, les repoussa facilement, Elles ne produisirent que peu de résultats et le général se renferma bientôt dans une défense passive.

Le 28 septembre, Strasbourg capitula après cinquante jours de siège. La ville avait reçu 193 000 projectiles, dont les débris jonchaient le sol. 1100 habitants civils avaient été tués ou blessés par le bombardement. Pas une rue n'était intacte, partout des ruines ! De toutes parts les étrangers accoururent pour contempler ce lamentable spectacle ; les uns, comme les Suisses, pour soulager les misères les plus intéressantes ; les autres, comme les Badois et les juifs prussiens, pour s'en réjouir et en profiter.

Peu de jours avant l'investissement de Paris, trois membres du gouvernement, MM. Crémieux, Fourichon et Glais-Bizoin, avaient été envoyés à Tours pour organiser la défense dans la province. Ils furent rejoints le 10 octobre par M. Gambetta, qui sortit de Paris en ballon, et formèrent avec lui la délégation de Tours.

Tandis que M. Thiers se chargeait d'aller à Florence, à Vienne, à Saint-Pétersbourg, à Londres, pour obtenir l'intervention de l'Italie, de l'Autriche, de la Russie et de l'Angleterre, ou tout au moins leurs bons offices pour entrer en négociations avec le vainqueur, la délégation de Tours se mettait activement à l'œuvre et organisait, entre Orléans et Tours, un corps de 25 000 hommes, dont le commandement fut confié au général de La Motterouge.

Aussitôt que l'existence de cette armée fut constatée, le prince royal de Prusse détacha des environs de Paris le 1er corps bavarois, commandé par le général Von der Tann et composé de 40 000 hommes, pour

occuper la Beauce et protéger l'armée d'investissement contre toute attaque de ce côté. Le 10 octobre,
Von der Tann battit les Français à Artenay, le 11 à
Chevilly, et, le 13, il entrait à Orléans, après avoir
bombardé et pillé un des faubourgs.

Le 18, ce fut le tour de Châteaudun.

Notre second bataillon, commandé par Lipowski,
occupait Châteaudun. Informé de l'arrivée des Prussiens, Lipowski fit mettre la ville en état de défense,
barricada les rues, crénela les maisons, occupa
quelques postes avancés et distribua avec habileté le
peu d'hommes dont il disposait. Il fut d'ailleurs admirablement secondé par la garde nationale de la ville
qui, jointe aux francs-tireurs de Paris et à quelques
soldats de divers corps, formait un effectif de 1800
hommes environ, tous braves et résolus.

La 22ᵉ division d'infanterie prussienne, commandée
par le général de Wittich, arriva, le 18 au matin, en
vue de Châteaudun. Le général ne s'attendait pas,
avec ses 15 000 hommes, à trouver une grande résistance devant une ville ouverte, dont les défenseurs
étaient si peu nombreux et ne disposaient pas d'une
seule pièce de canon ; mais, toute la journée, ses efforts
échouèrent devant l'héroïque résistance qui lui fut
opposée. Son artillerie, 30 pièces, en position à 500
mètres, couvre la ville d'obus, des incendies se décla-
rent dans plusieurs quartiers, les attaques se suc-
cèdent, se multiplient avec fureur. Les francs-tireurs
tiennent toujours. Cependant l'infanterie allemande
pénètre dans la ville. Là, chaque barricade est défendue
avec la même bravoure ; chaque maison devient le
théâtre d'une lutte acharnée. Enfin, à huit heures du
soir, après sept heures de combat, toute résistance
devient impossible, il faut céder au nombre. Lipowski

fait sonner la retraite et, par une manœuvre habile et hardie, sauve ce qui lui reste de ses braves francs-tireurs en se retirant sur Nogent-le-Rotrou.

Les Prussiens étaient maîtres de la ville. Effrayés de ces symptômes d'une guerre nationale, irrités de leurs pertes, ils se vengèrent en barbares et semèrent dans la malheureuse petite ville, coupable de patriotisme et d'énergie, le pillage, l'incendie et la mort.

Les Allemands allument le feu de différents côtés; ils y versent à flots le pétrole. Favorisé par un vent violent, l'incendie se propage. Les femmes, les enfants sont écrasés par la chute des murs, atteints par les flammes. Qu'importe! Les Allemands tiennent leur vengeance et ils la savourent. Il est défendu de combattre le feu, et les habitants, contenus par les baïonnettes, doivent assister, immobiles et silencieux, à leur ruine.

235 maisons, dans lesquelles on retrouva douze cadavres carbonisés, brûlèrent. Dans onze endroits seulement l'incendie avait été allumé par des obus.

En voyant arriver les vainqueurs, un pauvre homme de la rue du Bel-Air essaye de fermer sa porte; ils l'obligent à mettre lui-même le feu à sa maison. Une vieille femme veillait auprès de son mari paralysé; les Allemands, à coups de crosse, la forcent à s'éloigner et mettent eux-mêmes le feu au lit du malade, qui est brûlé vif et expire dans d'affreuses tortures. Révolté de ces infamies, un vieux soldat, le capitaine Michaud, qui avait fait les guerres du premier Empire, apostrophe ces barbares. « J'ai fait la guerre autrefois, leur dit-il, mais j'aurais rougi de me conduire comme vous. » Ils le tuent à coups de revolver et jettent son cadavre dans les flammes. Les officiers dînent à l'hôtel du Grand-Monarque. A la fin du repas l'hôtesse leur demande de vouloir bien protéger sa maison contre les fureurs de leurs soldats. Ils répondent en mettant le feu à la salle à manger. La malheureuse femme s'efforce de l'éteindre. « C'est bien inutile, lui disent-ils en riant, nous l'avons fait mettre aux étages supérieurs. »

Le lendemain au matin, le général exige une énorme contribution de guerre dont on lui verse immédiatement le quart et il s'éloigne, satisfait sans doute de son noble exploit, tandis que ses victimes s'efforcent d'éteindre l'incendie qui durait encore et couvrent son nom d'exécrations.

Les Bavarois retournèrent à Orléans et prirent part aux nombreux combats qui se livrèrent plus tard autour de cette ville. Les incendiaires de Bazeilles et de Châteaudun furent décimés dans cette lutte, et des 30 000 hommes que le général Von der Tann commandait au début de la guerre, 5000 seulement purent rentrer dans leurs foyers pour y dépeindre « le magnifique spectacle que présente une ville en flammes » et y raconter les atrocités qu'ils avaient commises !

Ajoutons, pour être justes, que toutes les armées allemandes ne se conduisirent pas avec cette barbarie. Les Bavarois se distinguèrent entre tous par leur inhumanité.

Et cependant, s'il nous fallait rappeler ici tous les forfaits accomplis, même par les armées qui furent relativement modérées dans leurs violences, l'énumération serait bien longue. Malgré la présence du roi de Prusse et de l'état-major général à Versailles, la ville de Saint-Cloud fut presque entièrement brûlée au pétrole, avec la méthode calme et réfléchie que les Allemands savaient mettre à leurs barbaries. L'incendie dura du 20 janvier au 3 février. L'armistice fut signé le 28 janvier, et les négociations avaient été entamées le 23. Ce fut donc après la cessation des hostilités, sans provocation, dans un moment où l'équité la plus vulgaire imposait aux Prussiens une réserve absolue, que fut accompli cet acte odieux et infâme. 600 maisons furent la proie des flammes!

Quelques francs-tireurs ayant fait sauter le pont de Fontenoy, près de Toul, les communications des Prussiens avec l'Allemagne furent coupées pendant quelques jours. Par ordre supérieur, le village de Fontenoy tout entier, bien que complètement étranger à cette action de guerre, fut incendié, les habitants chassés, et le gouverneur de la Lorraine infligea à la province une amende de dix millions de francs.

Et ce sont là des mesures réfléchies, prises de sang-froid par le roi de Prusse et ses principaux fonctionnaires. Il est facile d'après cela de s'imaginer ce que pouvaient être les mesures arbitraires, les exactions, les violences, les cruautés des chefs de corps ou de détachements exaspérés par leurs pertes, rendus méfiants et cruels par le danger et disposant sur les populations d'une autorité sans contrôle et sans frein.

Au début de la guerre, l'opinion publique pensait que nos flottes seraient appelées à jouer un rôle actif. On le croyait si bien que l'on prépara et que l'on mit en vente à l'avance une image, grossièrement enluminée, représentant le bombardement de Dantzig par les Français en 1870. L'amiral Bouet-Willaumez fut nommé au commandement de l'escadre réunie à Cherbourg. Le général Trochu devait être chargé de commander un corps de débarquement de 40000 hommes. Nos premières défaites firent modifier ce plan, et l'amiral partit seul, le 24 juillet, sans ordres précis.

Le 2 août seulement, on lui enjoignit d'entrer dans

la Baltique, tandis que la flotte ennemie était dans la mer du Nord, réfugiée dans le golfe de Jahde.

L'amiral entra dans la Baltique et se présenta devant plusieurs ports, mais le peu de profondeur des eaux ne lui permit pas d'opérer le bombardement. Il eût pu bombarder Kolberg ; la *Surveillante,* qui portait le pavillon amiral, s'en approcha à portée ; mais Bouet-Willaumez, plus humain que ne le furent nos ennemis, ne put se résoudre à couvrir de projectiles une ville incapable de se défendre et à massacrer la population inoffensive qui accourait sur les quais et sur les jetées pour regarder les vaisseaux français.

La première escadre fut suivie dans la mer du Nord pas une seconde, que commandait l'amiral Fourichon ; la flotte prussienne refusa de sortir de la baie de Jahde. Quelques canonnades sans importance, un engagement dans les eaux de la Havane entre l'aviso *le Bouvet* et la canonnière prussienne *le Météore* furent les seules actions navales de cette guerre.

Inutiles à la mer, nos marins furent appelés à venir renforcer les troupes de terre. Ces hommes braves, disciplinés, endurcis à la fatigue, formèrent le véritable noyau de la résistance. Qu'ils ne regrettent pas de n'avoir pu faire triompher notre pavillon dans quelque bataille navale ; ils ont soutenu notre honneur et bien mérité de la patrie.

Le commerce maritime allemand eut beaucoup à souffrir pendant la guerre. Des prises importantes furent faites par nos croiseurs. Il nous souvient d'avoir vu à Gand le capitaine d'un trois-mâts hambourgeois qui avait réussi à faire entrer à temps son bâtiment dans les eaux belges. Son vocabulaire, pourtant très riche, ne lui suffisait pas pour couvrir d'injures les Français qui le ruinaient.

Au commencement de novembre, l'armée qui s'organisait en Sologne avec quelques régiments venus d'Afrique, des marins, des mobiles et des bataillons de dépôts, se trouva prête à tenir la campagne et commença son mouvement en avant sous le commandement du général d'Aurelle de Paladines. Elle passa la Loire à Beaugency, tourna Orléans que le général Von der Tann fut obligé d'évacuer, et livra, le 9 novembre, une bataille des plus honorables pour nous. Le village de Baccon fut emporté avec entrain, et, vers 4 heures du soir, une charge à la baïonnette, conduite par le général Barry, nous donna celui de Coulmiers. Les Bavarois reculèrent en désordre. Malheureusement l'aile gauche n'opéra pas le mouvement qui lui avait été prescrit et laissa libres les routes de Chartres et de Paris. L'ennemi put battre en retraite sans être trop inquiété. Il perdait 5000 hommes, dont 2000 prisonniers. On lui enleva en outre un convoi et deux canons.

C'était une victoire, mais on ne sut pas en profiter. On n'osa pas prendre l'offensive avec des troupes jeunes et inexpérimentées. On recula sur Orléans, dont on couvrit les approches par des retranchements et des batteries, et l'on attendit. Dans d'autres circonstances on pourrait approuver cette réserve, mais dans l'état où étaient nos affaires, on est porté à la blâmer.

En effet, Metz venait de capituler. Dans quelques jours le prince Frédéric-Charles allait arriver avec 100000 hommes de troupes aguerries. Il fallait agir sans retard. Et quand on sait qu'à Versailles les ordres étaient donnés pour le départ des troupes d'investissement dans le cas où l'armée de la Loire accentuerait son mouvement en avant, on ne peut que regretter l'inaction dans laquelle cette armée se renferma après son succès de Coulmiers.

Le moment était décisif. Faire lever le siège de Paris, c'était tout remettre en question. Les Prussiens le sentaient bien et le prince Frédéric-Charles arrivait à marches forcées. Le 24 novembre, il battait le général Crouzat à Ladon.

Le 28, le général Crouzat, prenant l'offensive, attaqua vigoureusement le 10ᵉ corps prussien retranché à Beaune-la-Rolande. L'ennemi ayant reçu des renforts, les nôtres durent reculer après un combat des plus honorables.

Pithiviers fut occupé par les Prussiens qui assuraient ainsi la communication du prince Frédéric-Charles avec les troupes placées précédemment sous les ordres de Von der Tann et dont le grand-duc de Mecklembourg avait pris le commandement. Pour reprendre cette importante position, l'armée de la Loire fit un mouvement en avant, mais son front était beaucoup trop étendu. La difficulté de transmettre les ordres, des tiraillements dans le commandement, amenèrent des contremarche, des attaques isolées et, grâce à ce défaut d'entente, les Prussiens restèrent dans leurs positions, malgré une série de combats livrés dans les premiers jours de décembre à Villeprévost, Château-Goury, Artenay, Chevilly, Loigny, Patay, Bricy, Boulay.

Passant de la défensive à l'offensive, les Allemands marchèrent en avant, rentrèrent à Orléans et coupèrent en deux l'armée française. Une partie alla se reformer à Bourges sous le commandement du général Bourbaki. Elle prit le nom d'armée de l'Est. L'autre, l'armée de l'Ouest ou la deuxième armée de la Loire, fut placée sous les ordres du général Chanzy.

Résolu à ne pas repasser la Loire, le général Chanzy recula lentement vers Beaugency. Les Prussiens allèrent le chercher, tandis qu'un de leurs corps exécutait un vaste mouvement tournant pour l'envelopper. Du 7 au 11 décembre, le général livra, auprès de Villorceau et de Josnes, une série de combats où nos jeunes troupes firent preuve d'une vigueur remarquable. Le 15 décembre, il fut vaincu à Vendôme par les troupes du prince Frédéric-Charles et dut exécuter, par un temps affreux, une retraite désastreuse sur le Mans, où les soldats arrivèrent épuisés et démoralisés.

Le général essaya de couvrir le Mans et le défendit jusqu'au 11 janvier. Mais les Prussiens réussirent à forcer le passage et y entrèrent le 12. Chanzy dut reculer jusqu'à Laval, où il s'occupa à refaire ses troupes, à les ravitailler et à y rétablir la discipline.

Dans le Nord, la résistance s'organisait aussi. L'armée qui se formait aux environs d'Amiens fut d'abord confiée au général Bourbaki, puis, le 19 novembre, au général Faidherbe, qui était encore au Sénégal. En attendant son arrivée, le général Farre en prit le commandement et livra au général Manteuffel le combat de Villers-Bretonneux. Il fut vaincu et dut reculer, découvrant Amiens, où les Prussiens entrèrent le 28 novembre, mais la lutte avait été des plus vives. Nos troupes s'étaient bien battues et l'ennemi avait fait des pertes sensibles.

Au commencement du mois de décembre le général Faidherbe arriva. Cet officier, qui avait montré comme gouverneur du Sénégal de hautes capacités d'administrateur, allait déployer les qualités d'un véritable homme de guerre. Avec une armée peu solide dont les marins et quelques officiers, sous-officiers et soldats de différentes armes échappés au désastre de Sedan formaient le seul noyau sérieux, il adopta le plan qui pouvait lui faire tirer le meilleur parti des troupes qu'il avait à commander. Se tenir le plus possible près des places fortes, nombreuses dans le Nord, tenter de temps en temps quelques pointes hardies, attaquer vivement et se replier de même, tenir sans cesse l'ennemi en haleine, le fatiguer, l'inquiéter, sans s'exposer à un grave échec dont les conséquences eussent pu être fatales, tel était son système.

Au moment de son arrivée, la Normandie était envahie. Rouen allait être occupé. Cette grande et belle cité, entourée de collines qu'il eût été facile de fortifier, tomba sans combat, le 6 décembre, aux mains de l'ennemi, qui y trouva de grands approvisionnements et en fit un solide point d'appui pour ses opérations. Le 9, les Allemands entraient à Dieppe. Le Havre était menacé. Ce port riche et important, convoité par les Allemands, pouvait devenir un centre de résistance et d'approvisionnement. Le général Loysel y formait une armée qui arriva à réunir une trentaine de mille hommes. Il était nécessaire de le protéger.

Comprenant toute l'importance du Havre, le général Faidherbe résolut de tenter une puissante diversion pour en détourner Manteuffel. Il hâta l'organisation de son armée et, dès qu'il eut sous la main 30 000 hommes et 60 pièces de canon, il se mit en mouvement, reprit, le 10 décembre, Ham aux Allemands et marcha sur Amiens.

Le 23, il livra bataille près de Pont-Noyelles. Ses troupes occupaient des collines en demi-cercle couronnées par de l'artillerie et qu'il avait fait fortifier avec soin. Il fit occuper quelques villages dans la plaine et donna l'ordre aux troupes qui s'y trouvaient placées de se replier pour attirer l'ennemi sous le feu de l'artillerie et des lignes de tirailleurs qui garnissaient les pentes. L'ordre fut exécuté, les ennemis subirent de fortes pertes, les villages évacués furent réoccupés, et le lendemain Manteuffel n'osa pas renouveler le combat.

C'était une véritable victoire, puisque nos troupes bivouaquèrent sur leurs positions, où elles restèrent deux nuits et un jour pour bien constater leur succès. Faidherbe fit alors lever le camp et rentra dans ses cantonnements. Il avait atteint son but; il avait déjoué les plans que l'ennemi avait formés pour s'emparer du Havre. Ne croyant pas pouvoir tenir la campagne, avec des troupes nouvellement formées, par un hiver exceptionnellement rigoureux, et fidèle d'ailleurs à son principe, il se replia entre Arras et Douai et s'y reforma, tandis que l'ennemi allait assiéger Péronne.

Faidherbe n'hésita pas à marcher au secours de cette ville et, le 3 janvier 1871, il battit complètement le général Von Gœben, successeur de Manteuffel, à Bapaume. Les suites de cette victoire eussent pu être considérables si Faidherbe avait poursuivi l'ennemi en déroute. Il ne crut pas pouvoir le faire et il se replia derrière la Scarpe. Le siège continua, et Péronne, vivement pressé, capitula le 10 janvier.

Enfin, informé que Paris allait tenter un suprême effort, Faidherbe se porta de nouveau en avant au sud de Saint-Quentin pour attirer à lui une partie des forces allemandes et remporta le 18 un succès à Vermand. Battu le lendemain, il fut obligé de reculer devant des forces supérieures.

Tandis que le général Bourbaki organisait une armée à Bourges et que le général Chanzy était refoulé sur Laval, les Allemands, après avoir réduit l'Alsace et la Lorraine, s'étendaient vers la haute Saône et le Doubs, où ils rencontrèrent le général Cambriels qui les empêcha de s'emparer de Besançon.

CITADELLE DE BELFORT.

Le général Cremer opérait dans les environs de Beaune; Garibaldi entre Autun et Dijon. Malheureusement leurs mouvements n'étaient pas combinés. Garibaldi fit tête aux Badois et obtint quelques succès à Pasques et à Lantenay, mais il ne put délivrer Dijon de l'occupation allemande. Cremer battit les Prussiens à Châteauneuf, le 3 décembre, mais il perdit, le 18, la bataille de Beaune.

Le gouvernement résolut de tenter un vigoureux effort pour débloquer Belfort, espérant, s'il y réussissait, couper les communications de l'ennemi et menacer sa ligne de retraite.

Belfort, la seule place qui, avec la petite forteresse de Bitche, tint jusqu'à la fin de la guerre, était commandé par le colonel Denfert-Rochereau. La ville est très forte; elle était bien approvisionnée et possédait une garnison de 16 000 hommes. Déterminé à une résistance énergique, le commandant fit fortifier et occuper les villages et les collines environnantes et achever des ouvrages commencés sur la hauteur des Perches.

Le 2 novembre, le général de Treskow commença l'investissement, mais le colonel Denfert, secondé par le courage de ses troupes, l'énergie et le patriotisme de la population, dérangea ses projets par des sorties incessantes, repoussa toutes ses attaques, et l'ennemi dut recourir au bombardement, qui dura 73 jours. Malgré la fièvre typhoïde et la petite vérole qui décimaient les défenseurs, malgré un bombardement terrible qui fit de la ville un monceau de ruines, on ne put triompher de la résistance des Français. Ce ne fut que le 17 février, sur un ordre précis du gouvernement de la Défense nationale, que le colonel Denfert se décida à évacuer Belfort. Il sortit fièrement avec ses armes, ses bagages, ses drapeaux et le droit de combattre si la guerre continuait.

Le siège avait duré 103 jours, et plus de 500 000 projectiles avaient été lancés sur la ville !

L'armée de Bourbaki, que les Prussiens croyaient devoir se porter sur Paris ou aller au secours de l'armée de l'Ouest, reçut tout à coup une destination nouvelle.

Le 15ᵉ corps resta entre Vierzon et Bourges pour protéger Bourges et son arsenal ; le reste, 70 000 hommes environ, fut dirigé sur Dijon pour y rallier les corps de Garibaldi et de Cremer, marcher au secours de Belfort et pousser, si l'on réussissait, une pointe dans le duché de Bade.

Pour cette opération il aurait fallu des troupes solides, rompues à la fatigue, et l'on n'avait que des recrues. Le mouvement, qui aurait dû s'exécuter avec une très grande célérité, s'effectua au contraire avec une extrême lenteur. Werder, prévenu, évacua Dijon et rassembla toutes les troupes disponibles à Vesoul.

Le 9 janvier, Bourbaki rencontra l'ennemi à Villersexel. Après un combat de dix heures, Werder se mit en retraite et se dirigea sur Belfort. Il fortifia les hauteurs d'Héricourt et se décida à livrer une bataille défensive.

Le 15, le 16 et le 17, l'armée de Bourbaki attaqua avec courage les positions prussiennes. Elle ne put les enlever et, le 18, on battit en retraite sur Besançon. Il faisait 18 degrés de froid et l'armée souffrait cruellement.

Le maréchal de Moltke forma rapidement une armée de 50 000 hommes et l'envoya au secours de Werder sous les ordres de Manteuffel. Ce général trompa Garibaldi en lançant sur Dijon une brigade contre laquelle

ÉGLISE DE BELFORT APRÈS LE BOMBARDEMENT.

on se battit trois jours et qui fut réduite de moitié par le feu. Mais, pendant ce temps, Manteuffel arrivait à Dôle et se dirigeait sur Besançon, nous coupant la retraite.

Le 24, Bourbaki, jugeant la partie perdue, essaya de se faire sauter la cervelle, et le commandement passa au général Clinchant, qui se dirigea immédiatement sur Pontarlier. Manteuffel porta sur cette ville le gros de ses forces, tout en faisant occuper par de forts détachements la route de Lyon. La retraite était coupée. Garibaldi essaya une diversion sur les derrières de Manteuffel pour rétablir les communications, il ne réussit pas.

Le 30, les mouvements de nos troupes furent arrêtés par la nouvelle d'un armistice, mais cette convention excluait Belfort et l'armée de l'Est. Manteuffel poursuivit ses opérations. Il ne restait à l'armée, pour échapper à la captivité, qu'à se jeter en Suisse. Le général Clinchant, ne voyant aucun autre moyen de salut, obtint de la Confédération helvétique l'autorisation de faire entrer ses troupes sur son territoire. Elles comptaient encore 85 000 hommes et 250 canons.

Nos jeunes soldats, à peine vêtus, presque sans nourriture, durent faire des marches forcées dans la neige par un froid terrible. La route était jonchée des cadavres de ceux qui ne pouvaient supporter de pareilles souffrances. Les Suisses firent un accueil admirable à nos pauvres compatriotes, leur hospitalité sut faire face aux immenses besoins de cette armée et ils l'accueillirent avec une compassion et des soins qui ont laissé dans tous les cœurs français de profonds, d'impérissables souvenirs.

Paris, à bout de vivres, allait bientôt se rendre. Le pain n'était plus qu'un mélange sans nom de substances diverses où manquait totalement la farine de blé. La mortalité devenait effrayante. Le chiffre des décès s'éleva progressivement jusqu'à 4671 dans la dernière semaine de janvier; il est d'un millier environ en temps ordinaire. Du 18 septembre 1870 au 24 février 1871, Paris perdit 63725 habitants. Dans la période correspondante de l'année précédente le chiffre des décès n'avait été que de 21 883. Cependant la population demandait à combattre avant de capituler. Pour « donner une satisfaction à l'opinion publique », le général Trochu prépara une sortie dans la direction de Versailles.

Le 18 janvier, le roi de Prusse s'y était fait proclamer empereur d'Allemagne dans l'ancien palais témoin des splendeurs et des gloires de la royauté française.

Le 19, l'armée d'opération, composée de 85000 hommes, se porta en avant.

La nuit avait été pluvieuse. Les chemins étaient détrempés, les mouvements difficiles. L'attaque, qui devait commencer de grand matin, fut retardée de deux heures.

A dix heures seulement, la gauche, sous les ordres du général Vinoy, enleva la redoute de Montretout et s'y maintint; mais elle ne put pousser plus loin son succès; le général Ducrot, qui commandait la droite et qui devait attaquer le château de Buzenval et le parc de Longboyau, n'étant pas arrivé, elle fut obligée d'attendre, pour ne pas être débordée. Le général Ducrot entre enfin en ligne, mais il se heurte à des positions infranchissables. L'ennemi avait multiplié sur ce terrain les obstacles de toute nature et trouvait lui-même ses précautions excessives. Nos soldats s'élancèrent intrépidement sur des murs crénelés dont ils ne purent même approcher. L'ennemi à couvert les fusillait à coup sur, et l'artillerie n'était pas là pour leur frayer le chemin. On n'avait emmené que des pièces lourdes qui s'embourbèrent et qu'on ne put mettre en batterie.

Pendant cette attaque infructueuse et meurtrière, les Prussiens réunissent leurs réserves à Garches, que le centre, sous le général de Bellemare, avait attaqué et enlevé. La droite étant contenue, tout l'effort des Allemands se porte sur le centre et la gauche qui commencent à plier. La nuit venait, un brouillard épais gênait les opérations, nous ne pouvions songer à tenir; le général Trochu prescrivit la retraite, qui ne put s'accomplir que très difficilement. Un bataillon de mobiles, commandé par M. de Lareinty, fut oublié et fait prisonnier. Nous avions environ 3000 morts, parmi lesquels bien des hommes distingués, entre autres Henri Regnault, jeune peintre déjà célèbre; Gustave Lambert, le voyageur, qui préparait une expédition au pôle nord, et tant d'autres. Les Allemands n'avaient que 800 hommes hors de combat.

Le général Trochu se démit de ses fonctions de commandant en chef de l'armée de Paris qui passèrent au général Vinoy, mais il était trop tard pour rien entreprendre.

Le 23 janvier, M. Jules Favre se mit en rapport avec M. de Bismarck et signa, le 28, un armistice de 21 jours qui décidait la cessation des hostilités sauf autour de Belfort et dans trois départements, la Côte-d'Or, le Doubs et le Jura, et stipulait que l'on procéderait immédiatement à l'élection d'une assemblée nationale qui se réunirait à Bordeaux pour décider si la guerre devait être continuée et à quelles conditions la paix, s'il y avait lieu, devrait être faite.

Le 17 février, l'Assemblée réunie à Bordeaux chargea M. Thiers de négocier avec la Prusse. Il se rendit à Versailles avec une commission de 15 membres et signa, le 26, les préliminaires de la paix, en même temps qu'une convention prorogeant l'armistice jusqu'au 12 mars.

Le 1er mars des détachements prussiens pénétrèrent dans une partie de Paris. Ils passèrent par l'Arc de Triomphe, descendirent les Champs-Élysées et arrivèrent aux Tuileries. Quelques soldats, sans armes, furent conduits au Louvre. Il avait été stipulé que les soldats allemands pourraient aussi visiter l'Hôtel des Invalides. L'attitude des vieux soldats qui s'y trouvaient fut telle que, par prudence, on renonça à cette visite.

Le lendemain, la nouvelle officielle de la ratification des préliminaires de la paix par l'Assemblée de Bordeaux étant arrivée au quartier-général allemand, les vainqueurs évacuèrent la ville et les forts de la rive gauche comme ils y étaient tenus par cette convention.

Pour arriver à la conclusion définitive de la paix, les deux gouvernements envoyèrent à Bruxelles des délégués chargés de préparer le traité. Ces négociations traînant en longueur, M. de Bismarck, qui venait de recevoir le titre de prince, se rencontra à Francfort-sur-le-Mein avec MM. Pouyer-Quertier et Jules Favre. Le traité de paix fut signé le 10 mai et ratifié le 20.

Aux termes de ce traité, le plus humiliant et le plus désastreux qui ait jamais été signé par la France, nous perdions l'Alsace, moins Belfort, et la partie de la Lorraine que nos vainqueurs désignent sous le nom d'allemande, bien qu'on n'y parle pas allemand et que l'amour de la France y soit vif et profond, c'est-à-dire les arrondissements de Metz et de Thionville dans la Moselle, ceux de Château-Salins et de Sarrebourg dans la Meurthe, le canton de Schirmeck dans les Vosges.

L'Alsace formait, avant la guerre de 1870, deux beaux

et riches départements : le Haut-Rhin, chef-lieu Colmar ; sous-préfectures, Belfort, et Mulhouse, ville industrielle renommée dans le monde entier pour ses fabriques de draps, de toiles, de soieries, de cotonnades peintes ; le Bas-Rhin, chef-lieu Strasbourg ; sous-préfectures, Saverne, Schlestadt et Wissembourg.

Nos frontières de l'Est étaient ouvertes. Nous perdions la ligne du Rhin et celle des Vosges. De Metz l'ennemi n'est qu'à quelques journées de marche de Paris et aucun obstacle naturel ne vient l'arrêter. Nous restions à la merci d'une invasion nouvelle.

La superficie du territoire français était diminuée de 52 856 000 hectares. Nous devions payer une indemnité de guerre de cinq milliards. En vertu du triste et trop célèbre axiome que « la force prime le droit », 1 800 000 français devenaient contre leur gré citoyens allemands.

Non, il n'est pas vrai que la force prime le droit. Selon la belle maxime de Mirabeau, c'est le droit qui est le souverain du monde. La justice a toujours son heure, et cette heure viendra. L'Empire d'Allemagne expiera alors et payera de larmes de sang les crimes odieux dont Bazeilles, Châteaudun, Fontenoy, Saint-Cloud, Strasbourg, et mille autres endroits, rappellent le lugubre et douloureux souvenir.

TABLE DES MATIÈRES

FIN DE LA TABLE DES MATIÈRES

PARIS. — IMPRIMERIE EMILE MARTINET, RUE MIGNON, 2.

PARIS. — IMPRIMERIE ÉMILE MARTINET, RUE MIGNON, 2.

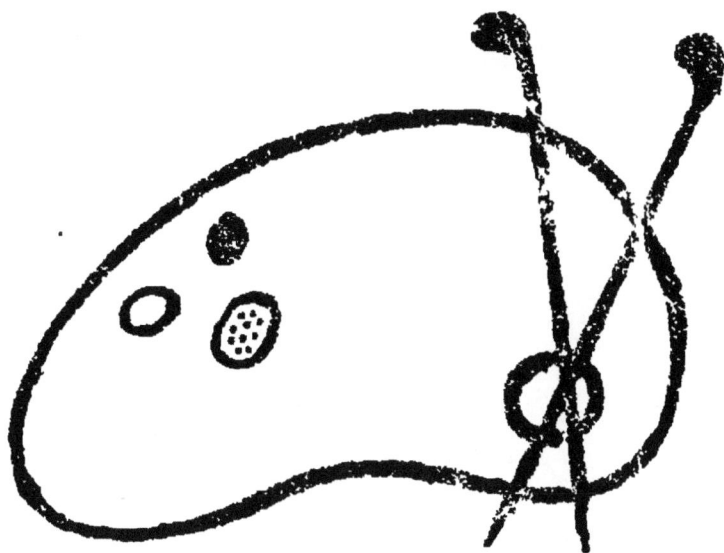

Original en couleur

Nᴿ 7 43-120-8

www.ingramcontent.com/pod-product-compliance
Lightning Source LLC
Chambersburg PA
CBHW070408090426
42733CB00009B/1582